謎解きの英文法
形容詞

久野暲・高見健一 著
Susumu Kuno　Ken-ichi Takami

happy　　　　　tall

　　　　　　　　rare

beautiful
　　　　　　certain

narrower

　　　　　　cowardly

くろしお出版

はしがき

　日本語では、「ピンクの素敵なドレス」と「素敵なピンクのドレス」のどちらも可能ですが、英語では、*a pink nice dress とは言えず、a nice pink dress と言わなければなりません。（* は、それが付された表現が不適格であることを示します。）皆さんは形容詞を並べるとき、その語順に戸惑ったりしませんか。

　次の（1a）は、皆さんよくご存知のように、ケヴィンとメグの年令が同じという意味で、二人とも年をとっている（old）という意味はありません。一方（1b）は、二人の年令が同じという意味だけでなく、二人とも若い（young）ということを意味します。

(1)　a.　Kevin is as **old** as Meg.

　　　b.　Kevin is as **young** as Meg.

これはなぜでしょうか。

　一方、次の比較級を用いた表現はどうでしょうか。

(2)　a.　Mike is **older** than Sue.

　　　b.　Sue is **younger** than Mike.

（2a）は、マイクがスーより年上という意味で、（1a）と同様、二人とも年をとっているという意味はありません。一方（2b）は、スーがマイクより年下という意味で、（1b）と異なり、二人とも若いという意味はありません。（1b）と（2b）は何が違っているのでしょうか。

　次の（3a, b）に示すように、think, say, claim のような動詞が that 節を目的語にとるのと同様に、afraid, certain, aware など多くの形容詞も that 節をとります。

(3)　a.　John **thinks** that he has terminal cancer.

　　　b.　John is **afraid** that he has terminal cancer.

しかし、（3a）の他動詞文では、その that 節が（4a）のような What John thinks is ...（ジョンが思っていることは … だ）の ... の位置に現われますが、（3b）の afraid の場合は、（4b）が不適格で、（4c）のように of を入れなければなりません。

(4) a. What John **thinks** is that he has terminal cancer.

b. *What John is **afraid** is that he has terminal cancer.

c. What John is **afraid of** is that he has terminal cancer.

動詞と形容詞でなぜこのような違いがあるのでしょうか。

　本書は、このような英語の形容詞に関する疑問を取り上げ、その謎を解き明かします。皆さんはきっと、形容詞の使用の背後に整然とした規則があることを理解され、納得されるとともに、言葉の体系的な仕組みに驚かれることでしょう。

　本書は 12 章からなります。第 1 章では、（5a, b）のような目的語の状態を述べる形容詞や、（5c）のような主語の状態を述べる形容詞について考察し、どのような形容詞ならこの構文パターンに現われるかを明らかにします。

(5) a. I like <u>my tea</u> **hot**.（紅茶は熱いのがいい）

b. We can buy <u>fish</u> **fresh** at the market.

c. <u>John</u> came home **drunk**.

　第 2 章では、（第 1 章で考察した）目的語や主語の状態を述べる形容詞、さらに目的語の結果状態を述べる形容詞などが、次のように Wh 疑問文になった場合の適格性について考察します。

(6) a. ***How angry** did John leave the room?

　　［<u>John</u> left the room **angry**.］（主語描写述語）

b. ***How fresh** did John drink the milk?

　　［John drank <u>the milk</u> **fresh**.］（目的語描写述語）

c. **How blond** did Mary tint her hair?

　　［Mary tinted <u>her hair</u> **blond**.］（結果述語）

そして、この Wh 疑問文パターンがどのような条件のもとで適格となるかを明らかにします。

第3章では、(7a) のように、形容詞が名詞の前に現われる限定用法と、(7b) のように、名詞の後ろに現われる叙述用法の意味の違いを考えます。

(7) a.　an **unhappy** man（限定用法）

　　 b.　He is **unhappy**.（叙述用法）

そして、限定用法の形容詞は、それが修飾する名詞の恒常的特徴を表わし、次の表現は、「見つかった」という状態が瞬時に終わる、一時的特徴のため、不適格だとする安藤（2005）の主張を取り上げ、それが妥当でないことを示します。

(8)　*a **found** purse（適格性判断は安藤（2005: 483）のもの）

次に第4章は、冒頭で述べた *a pink nice dress / a nice pink dress などの形容詞の語順について考察します。第5章では、She's **certain** / **sure** to win. のような文で、「彼女が勝つ」と確信しているのは、主語の She なのか、話し手なのかを明らかにします。そして、このような文が、疑問文、命令文、主語が話し手の文、間接話法や自由間接話法で用いられた場合に、とても興味深い現象が生じることを示します。そして第6章では、冒頭の (3), (4) で述べた、that 節（や to 不定詞節）をとる形容詞について考察します。

形容詞は、sick, angry, hungry のように、修飾する名詞の一時的状態を表わすものと、tall, intelligent, dead のように、修飾する名詞の恒常的状態を表わすものがあります。そして、「主語 + be 動詞 + 述語（形容詞）」パターンの文で、主語が定名詞句なら、これら2種類の形容詞が (9a) のように両方とも現われますが、主語が不定名詞句なら、(9b) のように一時的状態を表わす形容詞しか用いられません。

(9) a. **The boy** is **sick / tall**.

　　b. **A boy** is **sick /*tall**.

ところが、(9b) のような不定名詞句主語に強調を受けた数詞や数量詞が用いられると、次のように適格となります。

(10) a. **One boy** is **tall**.

　　b. **Two girls** are **intelligent**.

第7章では、なぜこのような違いが生じるのかを明らかにします。

　第8章〜第10章では、比較構文の謎を3つ解き明かします。第8章では、冒頭の (1a, b)、(2a, b) で述べたような問題を取り上げます。第9章では、次の (11a) の than 節で、I am が I'm に縮約できるのに、(11b) の than 節ではその縮約ができないことを説明する Bresnan (1973) の分析を概観し、その分析には致命的欠陥があることを指摘して、私たちの分析を提示します。

(11) a. I'm sad, more than **I'm** angry.

　　b. *I'm sadder than **I'm** angry.

そして第10章では、次の (12a) が適格なのに、(12b) が不適格なのはなぜかを、Stanley (1969) の見事な説明を分かりやすく解説して、皆さんとこの謎を解き明かしたいと思います。

(12) a. [A man more energetic than Mary] would be hard to find.

　　b. *[A more energetic man than Mary] would be hard to find.

　第11章では、"It's a **narrower** road." のように、比較級が用いられているのに、その文にもその前後にも than 〜 という比較の対象が示されていない文がよく用いられる事実を指摘し、than 〜 が何であり、どこにあるかを明らかにします。そして第12章では、テロリストの自爆行為が、死を覚悟した「勇敢な行為」のはずなのに、どうして cowardly act (臆病な行為) と呼ばれるのかという疑問から出発し、実際、自爆行為を cowardly と呼ぶのは妥当

でないと主張する人々の意見を紹介します。そして英英辞典や英和辞典の cowardly の定義を検討し、その不備を指摘します。

　本書ではさらに 4 つのコラムを設けました。コラム①では、Joan Crawford is **an ugly beauty**. や Dr. Conwell is **a penniless millionaire**. のような一見矛盾している表現の謎と面白さについて解説します。コラム②では、Is the glass half-full or half-empty? の疑問文を様々な職業や立場の人がどのように解釈し、どのように答えるかに関して、ウイットに富んだり、思わず笑ってしまうような例を紹介します。コラム③では、2 つ（以上）の単語の一部ずつを合わせてできた「かばん語」を取り上げます。Brunch（breakfast + lunch）のように、皆さんよくご存知のものから、bridezilla, Bregret など、目新しいと思われるものまで、多くの例を紹介します。そしてコラム④では、短縮語を取り上げます。Exam（examination）のように、皆さんよくご存知のものから、blog, bot, rents, za など、あまり馴染みがないのではないかと思われるものまで、多くの例を示します。参考にしていただければ幸いです。

　この本を書くにあたり、多くの方々にお世話になりました。特に Karen Courtenay, Nan Decker のお二人からは、本書の多くの英語表現に関して有益な指摘をたくさんいただきました。くろしお出版の岡野秀夫氏と荻原典子氏には、本書の原稿や校正刷りを何度も通読していただき、多くの有益な助言をいただきました。ここに記して感謝します。

2018 年　初夏　　　　　　　　著　者

vii

目　次

はしがき　*i*

第1章　*Mary cut the bread white. とは言えないのに、
　　　　Mary likes her tea white. と言えるのはなぜか?　*1*

- 目的語描写述語としての形容詞の叙述用法　*1*
- 同様の主張　*5*
- 従来の説明に対する反例　*7*
- 目的語が表わす対象物は比較対照されるいくつかの状態を
　有するか?　*10*
- 目的語が表わす対象物が別の対象物と比較対照される場合　*15*
- 誰にとって選択可能な選択肢か?　*16*
- 主語描写述語の場合はどうか?　*18*
- 結び　*22*

第2章　*How raw did you eat the meat? と
　　　　How rare do you usually eat your steaks? はなぜ
　　　適格性が違うのか? ―叙述形容詞句の Wh 疑問文―　*25*

- How angry did John leave the room? なんて言える
　の?　*25*
- 上記の主張は妥当か?　*28*
- 元の "V . . . AP (形容詞句)" パターンがすぐに想起でき
　るか?　*30*
- さらなる例の検討　*39*
- 結び　*43*

コラム① She's a beauty. と She's beautiful. は同じ意味か?　*45*

viii

第3章 限定用法と叙述用法の形容詞の意味の相違 *57*

- 限定用法の形容詞と叙述用法の形容詞 *57*
- a lost purse と *a found purse *61*
- 安藤の *a found purse は本当に不適格か? *63*
- なぜ a found purse のグーグル頻度数は、
  a lost purse に比べて極小か? *65*
- 結び *67*

第4章 名詞を修飾する形容詞の語順 *71*

- a pink nice dress か、a nice pink dress か? *71*
- 英文法書の形容詞語順に関する記述 *72*
- 形容詞語順制約とコーパス頻度数の相関関係(1) *74*
- Big と little では異なる語順特性を示す *76*
- 形容詞語順制約とコーパス頻度数の相関関係(2) *77*
- red small の語順と「熟語性」 *79*
- 同じカテゴリーに属する2つの形容詞の語順制約 *82*
- 結び *85*

第5章 She's certain/sure to win. は誰の判断を表わすか? *87*

- 英和辞典の用語説明 *87*
- 疑問文の主動詞 be certain/sure to は聞き手の判断を尋ねる *88*
- 命令文の主動詞 be certain/sure to は、不定詞句が表わす事象が
  成就するという判断を聞き手が確認することを命令する *89*
- be certain/sure to の主語が一人称代名詞 I, We のときは
  話し手=主語の判断 *90*
- 間接話法文の中の be certain/sure to *90*
- 自由間接話法文の主動詞の be certain/sure to *91*
- 結び *96*

コラム② Is the glass half-full or half-empty? *98*

目 次　ix

第6章　節・To 不定詞句をとる形容詞　*105*

● That 節をとる動詞と形容詞　*105*
● 他動詞と同様に、「他形容詞」もあるか?　*106*
● Aware などは「他形容詞」ではなく、前置詞をとる　*108*
● Wh 分裂文　*111*
● To 不定詞句をとる形容詞　*113*
● Wh分裂文の代動詞 do の不可思議　*116*
● Wh 分裂文と似た構文法的特質を示す構文　*119*
● 結び　*121*

第7章　*A boy is tall. はなぜ不適格か?
　　　―定義文と形容詞―　*125*

● 恒常的形容詞は不定名詞句を主語にとれない?　*125*
● 不定名詞句主語の総称文は(7)の制約の適用を受けない　*128*
● Be 動詞の補語が恒常的状態を表わす文は、主語を
　定義づける文　*129*
● 定義文の主語名詞句に課される制約　*131*
● 日本語でも同様のことが言える　*133*
● A sparrow is dead over there. はどうなる?　*137*
● 結び　*138*

コラム③　Spork って何か、ご存知ですか?　*141*

第8章 比較構文の謎（1）
— Kevin is as young as Meg. はなぜ二人が若いことを意味するか?— *149*

- 年令が同じか、それとも二人とも{年老いている／若い}のか? *149*
- Old, tall は「一人二役」 *151*
- (9)の談話法規則の意図的違反か、非意図的違反か? *153*
- How 疑問文 *156*
- Heavy / light も尺度形容詞か? *157*
- 「評価形容詞」だとどうなる? *158*
- 評価形容詞の優勢比較構文 *160*
- Beautiful, attractive はどうか? *162*
- Brilliant / bright も beautiful / attractive と同じ振る舞い *164*
- 他の形詞は? *166*
- How 疑問文に関する補足 *168*
- 結び *169*

第9章 比較構文の謎（2）
—比較構文 than 節の中の am, is, are の縮約形 ('m, 's, 're) — *173*

- Bresnan(1973)の問題提起 *173*
- Bresnan の(1b)と(2b)の説明 *175*
- Bresnan の分析に対する反例 *177*
- 比較構文の than 節と動詞句省略 *179*
- さらなる要因 *187*
- 結び *188*

目次 xi

第10章 比較構文の謎（3）
—*A more energetic man than Mary would be hard to find.
　はなぜ不適格文か？— *191*

- 比較構文の不思議な現象 *191*
- Stanley の比較構文深層構造 *193*
- なぜ（1a, b）（＝A man more energetic than {Bill, Mary}
  would be hard to find.）は適格文か？ *195*
- 後続する名詞を修飾する比較級形容詞を持つ文の深層構造 *197*
- *John is a more energetic man than Mary. はなぜ
  不適格文か？ *199*
- なぜ John is a man more energetic than Mary. は
  適格で、*John is a more energetic man than Mary.
  は不適格か？ *201*
- 結び *203*

コラム④　ad, bot, rhino, za って何か、ご存知ですか？ *205*

第11章 "It's a narrower road."
—「than ～」はどこにある？— *211*

- 「than ～」のない形容詞比較級？ *211*
- 「叙述用法」でも同じ？ *214*
- 母語話者の意見 *217*
- 比較の対象は暗黙の基準値・標準値 *217*
- 別の解釈は可能か？ *220*
- 結び *222*

| 第12章 | テロリストの自爆行為は cowardly か? *223* |

- 自爆行為は「臆病な行為」（cowardly act）か？ *223*
- 「臆病な行為」ではないとの意見 *224*
- 英英辞典のcowardly の定義 *226*
- *New Oxford American Dictionary* の cowardly の定義 *228*
- *New Oxford American Dictionary* の cowardly の定義には問題がある *230*
- 英和辞典の訳語はどうか？ *233*
- 結び *234*

付記・参考文献 *236*

［文頭に付されたマークが表わす意味］

   ＊   不適格文

  ??   かなり不自然な文

   ?   やや不自然な文

  √   無印と同様に適格文

*Mary cut the bread **white**. とは言えないのに、Mary likes her tea **white**. と言えるのはなぜか？

本章では、I like my lunch **hot**. や John came home **drunk**. のような文で、目的語や主語の状態を述べる形容詞（hot, drunk）について考察し、どのような形容詞ならこの構文パターンが適格となるかを明らかにしたいと思います。

● 目的語描写述語としての形容詞の叙述用法

形容詞には、名詞の前に置かれて、その名詞を修飾する限定用法（(1a) 参照）と、名詞の後ろに置かれて、その名詞を修飾する叙述用法（(1b, c) 参照）とがあります。

(1) a. an **expensive** watch
　　b. This watch is **expensive**.
　　c. John seems **angry**.

形容詞の叙述用法には、(1b, c) のように、Be 動詞や seem, appear 等のあとに現われて、補語として主語の状態を叙述する主語補語構文の用法だけでなく、(2a, b) のように、目的語補語構文の用法もあります。

(2) a. I found the book very **interesting**.
　　b. They considered her speech **wonderful**.

（2a, b）の（very）interesting, wonderful は、補語として目的語 the book, her speech の状態を叙述しています。そして、これらの目的語補語構文の形容詞は、文の必須要素（obligatory element）で、それを省略すると、動詞の意味が異なってしまいます。

　形容詞の叙述用法には、（3）に示すように、形容詞が目的語を叙述するものの、文の必須要素ではない場合もあります。

（3）a.　I like my tea **hot**.（紅茶は熱いのがいい）（安藤 2005: 483）

　　b.　We can buy fish **fresh** at the market.

　　c.　The next morning Susan ate the leftover pizza **cold**.

　　d.　I want my car **brand-new**.

　　e.　To make good tomato chutney, you should pick the tomatoes **green**.（Quirk et al.1985: 427）
　　　　「美味しいトマトのチャッネを作るには、トマトが緑色のときにとるべきです。」

これらの文では、形容詞を省略しても、動詞の意味はほぼ同じです。そしてこのようなタイプの叙述形容詞を目的語描写述語（object-oriented depictive predicate）と呼んでおり、安藤（2005: 475-476）は、準目的語補語と呼んでいます。安藤は、これらの形容詞が、「通例、修飾する名詞の一時的（temporary）な状態を表わす」（下線は筆者）と述べていますが、どのような例外がなぜ存在するかについては、何も述べていません。本章では、叙述用法の目的語描写述語にこのような一般化が成立するのか考察したいと思います。

　形容詞の叙述用法には、さらに次の（4a, b）に示すように、主語描写述語（subject-oriented depictive predicate）として、主語の

状態を叙述する場合もあり、安藤（2005: 475-476）は、このような叙述用法の形容詞を準主語補語と呼んでいます。

(4) a. John came home **drunk**.（安藤 2005: 476）

　　b. Mike left the room **angry**.

そして、主語描写述語についても、目的語描写述語と同様に、それが、修飾する名詞の一時的状態を表わすと主張されているので、このような一般化が本当に成立するのか、考えてみたいと思います。

　次節に進む前に、(3a-e) のような目的語描写述語の構文パターンについて、一言触れておきます。(3a-d) の動詞 like, buy, eat, want は、目的語の後ろに叙述形容詞などをとることが辞書に記載されています。読者の皆さんも、これらの動詞が「V + O + C」（C は形容詞・分詞）パターンで用いられることをご存知でしょう。『ジーニアス英和辞典』（第 5 版、2014）のこれらの動詞エントリーには、次の構文パターンが記載されています（用例は 1 つだけ示します）。

(5) a. like：[SVOC] O〈物・事〉が…であるのが好きだ / 好みだ

　　　　I like my lunch **hot**. 昼食は温かいのがよい

　　b. buy：[SVOC]〈物〉を C の状態で買う

　　　　He bought the car **cheap**. 彼はその自動車を安く買った

　　c. eat：[SVO（C）]〈人・動物が〉O〈食物など〉を（…の状態で）食べる、〈スープ〉を（スプーンで）飲む

Eat your soup **hot / chilled**. スープは熱いうちに / 冷やして飲みなさい

d. want：［SVOC］〈人が〉O〈人・物〉が…であってほしいと思っている

I want my shirt **ironed**. 私のシャツにアイロンをかけてもらいたい

　しかし、(3e) の動詞 pick（〈花・果実など〉を摘み取る、採取する）は、『ジーニアス英和辞典』では［SVO］パターンのみ示されており、［SVOC］パターンは示されていません。また、(3b) の buy の反意語 sell や、たとえば order（注文する）がとる構文パターンにも、［SVOC］は示されていませんが、実際にはこの構文パターンが次のように許されます。

(6) a. He **sells** them **new**.（Quirk et al. 1985: 427）

b. We don't sell cheap cars; we **sell** cars **cheap**.（実例）

c. He **ordered** his steak **rare**.

　このように、辞書のエントリーには、［SVOC］パターンをとるという記載がない動詞でも、実際には母語話者の間でこのパターンで使用されているものがあります。そのため、そのような動詞がこの構文パターンをとることを、今後、辞書に登録する必要があると思われます。したがって読者の皆さんは、辞書に［SVOC］パターンをとると記載されている動詞だけが、(3a-e) のような目的語描写述語をとるという先入観を持たないで、本章を読み進めていただきたいと思います。

● 同様の主張

形容詞には、次の（7）のように、修飾する名詞の<u>一時的状態</u>を表わすものと、（8）のように、<u>恒常的状態</u>を表わすものがあります。

(7) 一時的形容詞：
   sick（病気の）、angry（怒った）、hungry（空腹な）、tired（疲れた）、drunk（酔った）、naked（裸の）、open（開いた）、asleep（眠っている）、empty（空の）、absent（不在の）、available（利用できる）

(8) 恒常的形容詞：
   tall（背が高い）、intelligent（聡明な）、stupid（愚かな）、cross-eyed（斜視の）、deaf（耳の不自由な）、faithful（誠実な、忠実な）、left-handed（左利きの）、interesting（面白い）、talkative（話し好きな）、dead（死んでいる）

たとえば、人が病気だったり、怒っていても、それは普通、一時的なもので、時間が経てば変化しますが、人が背が高かったり、聡明なのは、恒常的、永続的な性質です。そのため、（7）のような形容詞を一時的形容詞、（8）のような形容詞を恒常的形容詞と呼びましょう。Carlson（1977a, b）は、前者を局面レベル述語（stage-level predicates）、後者を個体レベル述語（individual-level predicates）と呼んでいます（【付記1】参照）。

さて、前節で述べた、目的語描写述語が目的語の一時的状態を表わすという一般化は、安藤（2005）以外にも、Rapoport（1991, 1993）, Miyamoto（1994）, McNally（1994）, Kratzer（1995）等でなされています。彼らは、描写述語が適格な叙述を行なうには、述

語は一時的状態を表わす局面レベル述語（一時的形容詞）でなければならず、恒常的状態を表わす個体レベル述語（恒常的形容詞）は許されないと主張しています。次の McNally（1994）と Rothstein（1983）からの例（(9a) は一部修正）を見てみましょう。

(9) a. Mary bought the book {**used** / *__interesting__}.
    b. Mary cut the bread {**hot** / *__white__}.
    c. John ate the meat {**burnt** / *__tasty__}.

本は、最初は新しいものの、読んだり、日が経つうちに古くなります。そのため、(9a) の叙述形容詞 used は、その本の一時的状態を表わすので、この形容詞は適格というわけです。一方、ある本が面白いというのは、その本の永続的特徴のため、(9a) の interesting はその本の恒常的状態を表わすので、不適格というわけです。(9b) も同様で、パンが熱いのは焼き立てのときで、そのあと放っておけば冷たくなるので、hot はパンの一時的状態を表わすのに対し、パンが白ければその色は永続的であり、white はパンの恒常的状態を表わします。よって、hot は適格で、white は不適格というわけです。(9c) も同様で、肉は焼く過程でレア／ミディアム／ウェルダン、そして焦げた状態になるので、burnt は肉の焼けた一時的状態を表わすのに対し、肉が美味しいというのは、その肉の永続的特徴と考えられるので、(9c) に示された適格性の違いがあるというわけです。

　それではここで、前節の (3a-e)（以下に再録）に立ち返って、同じことが言えるか見てみましょう。

(3) a. I like my tea **hot**.（紅茶は熱いのがいい）
    b. We can buy fish **fresh** at the market.

第1章 *Mary cut the bread white. と Mary likes her tea white. 7

　　c.　The next morning Susan ate the leftover pizza **cold**.

　　d.　I want my car **brand-new**.

　　e.　To make good tomato chutney, you should pick the tomatoes **green**.

（3a, b）で、紅茶が熱く、魚が新鮮なのは、一時的状態です。時間が経てば、紅茶は冷め、魚は鮮度を失うからです。（3c）でも、ピザの出来立ては熱いものの、時間が経てば冷たくなり、（3d）でも、新車は乗っているうちに月日が経ち、新車ではなくなります。（3e）でも、トマトは熟れるまでに色が変化するため、green はトマトの一時的状態を表わしていると言えます。よって、（3a-e）も、目的語描写述語は叙述する目的語の一時的状態を表わすという従来の主張を裏づけるように思えます。

　前節の（5a, c, d）の例文（=I like my lunch **hot**. / Eat your soup **hot / chilled**. / I want my shirt **ironed**.）、（6a, c）（=He sells them **new**. / He ordered his steak **rare**.）でも、太字の形容詞は叙述する目的語の一時的状態を表わしているため、同様に説明できます。

● 従来の説明に対する反例

　しかし、描写述語が、それが叙述する目的語の一時的状態を表わすのか、恒常的状態を表わすのか、はっきりしない場合があります。次の例を見てください。

（10）a.　We ate the carrots **raw** this morning.
　　　　「私たちは今朝、人参を生で食べた。」

　　b.　I drink my coffee {**black / strong**}.
　　　　「私はコーヒーをブラック（ミルクなし）で / 濃いの

を飲む。」

c. I eat avocado **salted**, since otherwise it has little taste.
「私はアボカドに塩をふって食べる。そうしないとアボカドはほとんど味がないので。」

d. He bought the car **cheap**. (=5b)

(10a-d) は何の問題もない適格文ですが、raw, black, strong, salted, cheap は、それが叙述する目的語の一時的状態を表わすのでしょうか。私たちにはそうは思えません。なぜなら、人参が生であれば、それは人が調理しない限りずっと生であり、ミルクを入れないコーヒーや濃いコーヒーは、いつまで経ってもブラックであり、濃いコーヒーです。また、アボカドに塩をふって味付けしたり、車の買値が安ければ、その状態はずっと続くと思われるからです。

Rapoport, McNally, Rothstein 等は、人参が調理されれば生でなくなり、コーヒーにミルクや砂糖を入れればブラックでも濃くもなくなり、アボカドに塩味をつけなければ salted ではなく、車を高い値段で買えば cheap ではないと考え、raw, black, strong, salted, cheap も、目的語の恒常的状態ではなく、一時的状態を表わすと主張するのでしょうか。しかし、このように主張すると、一時的

状態と恒常的状態の区別が不明確になり、主張に無理があると思われます。一体、(10a-d)はどのように説明されるのが妥当でしょうか。

　従来の主張には、致命的な反例もあります。それは、恒常的状態を表わし、恒常的形容詞（個体レベル述語）だと言われてきた典型的形容詞でも、次のようにこの構文に現われるという点です。

(11) a.　I like my men **tall**.
　　　　　「私は、夫（彼氏）には背が高い人がいい。」
　　 b.　She prefers her men **tall, dark and handsome**.
　　　　　「彼女は、自分の夫（彼氏）には背が高く、黒っぽい髪でハンサムな人を望んでいる。」
　　 c.　I like my boyfriend {**plump / thin**}.
　　　　　「私は、ボーイフレンドには太り気味の人 / 痩せている人がいい。」
　　 d.　I prefer my sunglasses **dark**.
　　　　　「私はサングラスは黒っぽいのが好きだ。」
　　 e.　She likes Scandinavian Modern, but I prefer my furniture **heavy**, like Mission pieces.
　　　　　「彼女はスカンジナビアン・モダンが好きだが、私は自分の家具はミッション家具のように、重いのが好きだ。」（【付記２】参照）

人が背が高かったり、黒っぽい髪をしていたり、ハンサムだったり、太っていたり、痩せているのは、その人の永続的特徴です。また、サングラスが黒っぽい色であったり、家具が重いのも、そのサングラスや家具の永続的特徴で、色や重さが変化するわけで

はありません。これまでの研究では、人の背の高さや髪の色、容姿を表わす形容詞や、ある物の不変の色や重さを表わす形容詞は、その人・物の永続的特徴を表わし、典型的な恒常的形容詞（個体レベル述語）であると議論されてきました。それにもかかわらず、(11a-e)が何の問題もない適格文であるということは、これまでの主張が維持できないことを示しています。一体、この構文の適格性はどのように説明されるのでしょうか。

I like my boyfriend **plump**.

● 目的語が表わす対象物は比較対照されるいくつかの状態を有するか？

　形容詞がある対象物の一時的状態を表わすという場合、その対象物には、その一時的状態と暗黙のうちに比較対照される他の（一時的）状態があります。たとえば、次の例を見てみましょう。

(3) a.　I like my tea **hot**.（紅茶は熱いのがいい）

e. To make good tomato chutney, you should pick the tomatoes
   green.

トマト | ------------------ | ----------------- | ----------------- |
　　　　　　　 green　　　　　　yellow　　　　　　red

（3a）は、話し手が紅茶を飲むときは、ぬるく（tepid）なったり、冷たく（cold）なった状態の紅茶ではなく、熱い状態の紅茶を飲むのが好きだ、と述べています。つまり、紅茶の熱さの状態がいくつかあり、他の状態ではなく、熱い状態の紅茶が好きだと述べており、hot がこの文の焦点情報です。（3e）も同様で、トマトは最初、緑色ですが、熟すにつれて黄色、赤色へと変わっていくので、色に比較対照されるいくつかの状態があります。

　一方、形容詞が目的語の対象物の永続的状態を表わす場合、その対象物には、その永続的状態と暗黙のうちに比較対照される他の状態が、多くの場合、ありません。そのため、「ある対象物が他の状態ではなく、この状態であるときに〜だ」ということができません。よって、次のような文は不適格です。

（12）a. *We eat carrots **orange**.

人参 | ------------------------------ |
　　　　　　　　　　 orange

b. *Mary bought the book **interesting**. （=9a）

その本 | ------------------------------ |
　　　　　　　　　　　 interesting

c. *Mary cut the bread **white**. （=9b）

そのパン | ------------------------------ |
　　　　　　　　　　　 white

(12a) で、人参は普通、いつもオレンジ色なので、「私たちは人参を（他の色の状態ではなく）オレンジ色の状態で食べる」と言うことができません。また (12b) でも、その本が面白いという、その本の恒常的状態を述べているので、「メアリーはその本を（他の状態のときではなく）面白い状態のときに買った」と言うことができません。同様に (12c) でも、そのパンはずっと白色なので、「私たちはそのパンが（他の色のときではなく）白色のときに切った」と言うことができません。つまり、目的語描写述語は、目的語を叙述する他の選択肢がある場合に、そのような選択肢ではなく、「この状態の目的語対象物」という意味を聞き手に伝達しようとして用いられます。したがって、他の選択肢がない、目的語の永続的状態を表わす形容詞は用いられず、不適格となるわけです。

　これで本章タイトルの英文の1つ、*Mary cut the bread white. (=9b/12c) がなぜ不適格かの説明がつきました。

　皆さんすでにお気づきのことと思いますが、(i) 比較対照の選択肢があるかどうかという上記の私たちの説明と、(ii) 形容詞が対象物の一時的状態と永続的状態のどちらを表わすかという従来の説明は、目的語描写述語文の適格性に関して、ここまでは同じ予測をします。しかし、(i) だと説明がつくのに、(ii) では説明ができない（あるいは難しいと思われる）場合が2つあります。その1つは、(10a-d)（以下に再録）のような場合です。

(10) a.　We ate the carrots **raw** this morning.

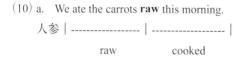

第1章 *Mary cut the bread white. と Mary likes her tea white. 13

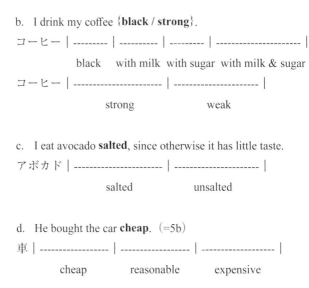

 b. I drink my coffee {**black / strong**}.

 c. I eat avocado **salted**, since otherwise it has little taste.

 d. He bought the car **cheap**.（=5b）

（10a）で、人参が生であれば、その状態は永続的だと考えられますが、人参を食べる場合は、生で食べるか、料理して食べるかの選択肢があります。そのため（10a）は、「私たちは今朝、人参を（料理しないで）生で食べた」と述べています。（10b）では、コーヒーがブラック（ミルクなし）や濃ければ、その状態は永続すると考えられますが、コーヒーを飲むときは、そのコーヒーがブラックか、ミルクや砂糖を入れて飲むか等の選択肢や、そのコーヒーが濃いか薄いか等の選択肢があります。（10c）も同様で、話し手がアボカドは（そのままではなく）塩味をつけて食べると述べています。さらに（10d）でも、車を購入するときは、その車が安価か、手ごろか、高価か等の選択肢があります。

 上記の説明は、次のような例にも当てはまります。

（13） He wanted his wife **dead** so he hired an ex-con to kill her.（実例）

「彼は妻が（生きていないで）死んでくれたらと思い、彼女を殺害するために前科者を雇った。」（ex-con = ex-convict）

彼の妻 | ------------------------- | ----------------------- |
　　　　　　　　alive　　　　　　　　　dead

人はひとたび死ぬと、それは永続的状態なので、dead は恒常的状態を表わす形容詞です。したがって従来の説明では、(13) は不適格と予測されてしまいますが、これは何の問題もない適格文です。その理由は、(13) の dead が、alive と対比され、選択肢があるからです。

　これで、本章のタイトルにある次の適格文も説明できます。

(14)　　Mary likes her tea **white**.

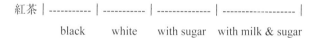

紅茶 | ---------- | ---------- | ------------- | ------------------ |
　　　　black　　　white　　with sugar　with milk & sugar

White は、コーヒー・紅茶などが「ミルク / クリーム入りの」という意味で、主にイギリス英語で用いられます。そして、(10b) で観察したように、コーヒーの black と同様に、white にも他の選択肢があります。そのため (14) は、「メアリーは紅茶を（ストレートではなく）ミルク（クリーム）を入れて飲むのが好きだ」と述べています。

第1章 *Mary cut the bread white. と Mary likes her tea white. 15

● 目的語が表わす対象物が別の対象物と比較対照される場合

　従来の説明では処理できず、私たちの分析では説明できる２つ目のケースは、(11a-e) のように、目的語が特定の指示対象を持たない非指示的名詞句（non-referential noun phrases）の場合です。その代表的な例を２つ、ここで見てみましょう。

(11) a.　I like my men **tall**.

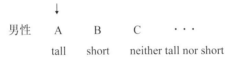

　d.　I prefer my sunglasses **dark**.

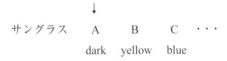

人は、背が高い人、低い人、中背の人などいろいろですが、(11a) の話し手は、まだ誰とも決まっていない自分の夫（または彼氏）には背が高い人がいいと述べています。つまり、(11a) の tall は、図に示したように、B や C 等の男性ではなく、A に属する男性が夫（または彼氏）としていいと述べています。そしてこの場合の選択肢は、<u>一人の男性の異なる状態ではなく、背の高さが異なる男性たち</u>です。同じことが (11d) についても言えます。サングラスには黒っぽい色のものもあれば、黄色のもの、青色のものなど、いろいろあります。それらの選択肢の中で話し手は黒っぽいの（非指示的総称名詞）が好きだと述べています。

● 誰にとって選択可能な選択肢か？

　以上の考察から、目的語描写述語が適格となるには、それが描写する目的語の状態と比較対照される他の選択肢が想起されなければならないことが明らかになりましたが、この選択肢は一体誰にとって選択可能な選択肢なのでしょうか。再び（3a-e）（以下に再録）を見てみましょう。

(3)　a.　I like my tea **hot**.

　　　b.　We can buy fish **fresh** at the market.

　　　c.　The next morning Susan ate the leftover pizza **cold**.

　　　d.　I want my car **brand-new**.

　　　e.　To make good tomato chutney, you should pick the tomatoes **green**.

（3a, b）で、紅茶の熱さを選択したり、魚の鮮度を選択するのは、これらの文の主語です。同様に（3c-e）で、ピザの熱さや車の新しさ、トマトの色を選択するのも、これらの文の主語です。したがって、目的語描写述語は、その文が表わす動作・状態時に、文の主語にとって選択可能な選択肢であることが分かります。同様のことが、これまで観察した適格文についても言えます。

　この点から目的語描写述語構文の適格性に関して、次の制約を立てることができます。

(15)　**目的語描写述語構文に課される意味的制約**：目的語描写述語構文は、目的語描写述語が、主語にとって選択可能で、比較対照される選択肢を想起させる場合に適格となる。

この制約を踏まえて、次の対比を見てみましょう。

(16) a. I bought my iPhone **brand-new**.

b. *I lost my iPhone **brand-new**.

c. *I broke my iPhone **brand-new**.

(16a-c) の文はすべて、brand-new により、アイフォンが新品か古いものかという選択肢を想起させます。しかし、これらの文の主語である話し手は、アイフォンを購入する際には、新品か中古かの選択が可能ですが、アイフォンを失くしたり、アイフォンが壊れる場合は、新しさに関係なくそうなるので、その選択ができません。つまり、(16b, c) の brand-new は、これらの<u>文の主語にとって選択可能ではない</u>選択肢を想起させるだけです。よって、(16a) は (15) の制約を満たして適格なのに対し、(16b, c) は (15) の制約を満たさず不適格と説明できます。

同じことは、次の文の適格性の違いについても言えます。

(17) a. I picked the tomatoes **green** this morning.

b. *I watered the tomatoes **green** this morning.

c. *I dropped the tomatoes **green** this morning.

(17a-c) は、green がトマトの色の選択肢を想起させるものの、(17a) は適格ですが、(17b, c) は不適格です。その理由は、これらの文の主語「私」は、トマトを {緑色 / 黄色 / 赤色} のいずれの状態のときにとるかを選択できますが、トマトに水をやったり、トマトを落としたりする場合は、色の選択は無関係だからです。つまり、トマトは実の色に関係なく水をやり、手に持っていたトマトを落とすのは、その色に関係なく落とすからです。よっ

て、(17a) は (15) の制約を満たして適格、一方 (17b, c) はそ
れに違反して不適格になります。

● 主語描写述語の場合はどうか？

　安藤 (2005: 475-476) は、主語描写述語（安藤が準主語補語と
呼ぶもの）は、通例、叙述する主語の一時的な状態を表わすと述
べています。Rapoport (1991, 1993), Miyamoto (1994), McNally
(1994) 等は、主語描写述語は（例外なしに）叙述する主語の一
時的な状態を表わす局面レベル述語（一時的形容詞）でなければ
ならず、恒常的な状態を表わす個体レベル述語（恒常的形容詞）
は許されないと主張しています。次の例を見てみましょう。

(18) a.　John left the party **stuffed**.［stuffed：お腹がいっぱいの］

　　 b.　John came home **drunk**.（安藤 2005: 476）

　　 c.　There was a crazy party last night and everyone got drunk
　　　　 and ended up eating the meal **nude**.

(19) a.　*John wrote the essay **tall**.（McNally 1994）

　　 b.　*John left the party **intelligent**.

　　 c.　*John enjoyed reading the novel **fat**.

(18a-c) の stuffed, drunk, nude は、主語の一時的状態を表わすので、
これらの文は適格であり、(19a-c) の tall, intelligent, fat は、主語
の恒常的状態を表わすので、これらの文は不適格であるというわ
けです。また、(4b)（=Mike left the room **angry**.）の angry も、主
語の一時的状態を表わすので、適格ということになります。

　しかし、目的語描写述語の場合と同様に、主語描写述語の場合
も、次に示すように、主語の恒常的状態を表わす形容詞が許され

第1章 *Mary cut the bread white. と Mary likes her tea white. 19

る例があります。

(20) a. John returned home **dead**.

b. He was born **Chinese**.
「彼は中国人として生まれた。」

c. He was born {**left-handed / deaf / cross-eyed / stupid / blind**}.
「彼は左利き / 耳が不自由 / 斜視 / 愚か / 目が不自由で生まれた。」

(20a) の形容詞 dead が主語 John の恒常的状態を表わすことは、これまでの議論からすでに明らかです。また、(20b, c) の形容詞 Chinese, left-handed, deaf, cross-eyed, stupid, blind は、主語 He の国籍や身体的特徴、能力を表わす恒常的形容詞です。それにもかかわらず、(20a-c) はすべて適格文であるため、従来の主張は妥当ではなく、主語描写述語にも恒常的形容詞が用いられることになります。

それでは、(18a-c)、(20a-c) が適格なのに対し、(19a-c) が不適格なのはなぜでしょうか。もうお分かりだと思います。(18a-c)（以下に再録）では、動詞句が想起させる主語の状態に関して、形容詞がその1つの選択肢を示しており、他の選択肢が想起されます。たとえば (18b) では、主語ジョンがどのような状態で帰宅したかに関して、「泥酔した、やや酔った、しらふの」状態だったというような選択肢が想起されます。

(18) a. John left the party **stuffed**.

b. John came home **drunk**. （安藤 2005: 476）

c. There was a crazy party last night and everyone got drunk and ended up eating the meal **nude**.

（18a, c）でも同様で、（18a）では、食事会を出たときのジョンの状態に関して、stuffed, half-full, hungry などの選択肢が想起され、（18c）では、パーティーでみんなが酔ったあとの食事の状態に関して、nude から dressed まで多くの選択肢が想起されます。（4b）（=Mike left the room **angry**.）も同様で、部屋を出たときのジョンの状態に関して、angry, depressed, encouraged, happy など多くの選択肢が想起されます。

　一方、（19a-c）（以下に再録）を見てみましょう。

（19）a. *John wrote the essay **tall**. （McNally 1994）

　　　b. *John left the party **intelligent**.

　　　c. *John enjoyed reading the novel **fat**.

これらの例では、動詞句が想起させる主語の状態に関して、形容詞がその状態に結びつく選択肢の1つにはなっていません。（19a）で、「エッセイを書いた」という動詞句は、そのときの主語ジョンの状態に結びつく選択肢として、たとえば「興奮して / 落ち着いて」などを想起させますが、「背が高い」という選択肢を想起することはありません。同様に（19b）でも、「パーティーを去った」という動詞句は、そのときのジョンの状態と結びつく選択肢として「聡明な」を想起したりはしません。（19c）も同様です。よってこれらの文は不適格です。

　それでは、（20a-c）（以下に再録）が適格なのはなぜでしょうか。

（20）a.　John returned home **dead**.

　　　b.　He was born **Chinese**.

c. He was born {**left-handed** / **deaf** / **cross-eyed** /**stupid** / **blind**}.

（20a）が適格なのは、すでに（13）で観察したように、returned home が dead, alive という選択肢を想起させることができるからです。また（20b）の Chinese は、他の国籍の選択肢を想起させ、（20c）の left-handed 等も、right-handed 等、他の選択肢を想起させます。そしてこれらの文では、描写形容詞が、「帰宅した / 生まれた」という動詞句が想起させる主語の状態に結びつく選択肢です。よって、これらの文は適格です。

　私たちは前節で、目的語描写述語が想起させる選択肢は、その文の主語にとって選択可能な選択肢であることを示しました。それでは、主語描写述語の場合はどうでしょうか。まず、（18a-c）（以下に再録）を再度見てみましょう。

(18) a. John left the party **stuffed**.

b. John came home **drunk**. （安藤 2005: 476）

c. There was a crazy party last night and everyone got drunk and ended up eating the meal **nude**.

（18a-c）で、パーティーでお腹いっぱい食べたり、家に酔って帰ったり、食事を裸の状態で食べたりするのは、明らかにこれらの文の主語 John, everyone の選択です。したがって、目的語描写述語の場合と同様に、主語描写述語の場合も、述語が想起させる選択肢は、その文の主語にとって選択可能な選択肢であると思われるかもしれません。

　しかし、（20a-c）（以下に再録）を見てみましょう。

(20) a. John returned home **dead**.

b. He was born **Chinese**.

c. He was born {**left-handed / deaf / cross-eyed / stupid / blind**}.

（20a-c）では、ジョンが家に死んだ状態で帰ってきたり、彼が中国人として、あるいは左利きで生まれるのは、もちろんジョンや彼がそうなることを選択したわけではありません。したがって、主語描写述語の場合は、目的語描写述語の場合とは異なり、述語が想起させる選択肢は誰にとって選択可能な選択肢であるかを一律に規定することはできないことが分かります（【付記3】参照）。

　以上から、主語描写述語構文の適格性に関しては、次の制約を立てることができます。

(21) **主語描写述語構文に課される意味的制約**：主語描写述語構文は、主語描写述語が、比較対照される主語の状態に関する選択肢を想起させる場合に適格となる。

● 結び

　本章ではまず、目的語の状態を叙述する形容詞は、その目的語の一時的状態を表わすものでなければならず、永続的、恒常的状態を表わす形容詞は用いられないと規定する従来の主張を概観し、次のような反例があることを示しました。

(11) a. I like my men **tall**.

b. She prefers her men **tall, dark and handsome**.

c. I like my boyfriend {**plump / thin**}.

第1章　*Mary cut the bread white. と Mary likes her tea white.　23

   d.　I prefer my sunglasses **dark**.

   e.　She likes Scandinavian Modern, but I prefer my furniture **heavy**, like Mission pieces.

そして、この構文の適格性は、次の制約で説明できることを示しました。

（15）　**目的語描写述語構文に課される意味的制約**：目的語描写述語構文は、目的語描写述語が、主語にとって選択可能で、比較対照される選択肢を想起させる場合に適格となる。

　本章ではさらに、主語描写述語に関しても、その主語の一時的状態を表わすものでなければならず、永続的、恒常的状態を表わす形容詞は用いられないとする従来の主張を概観し、次のような反例があることを示しました。

（20）a.　John returned home **dead**.

   b.　He was born **Chinese**.

   c.　He was born {**left-handed / deaf / cross-eyed / stupid / blind**}.

そして、この構文の適格性は、次の制約で説明できることを示しました（【付記4】参照）。

（21）　**主語描写述語構文に課される意味的制約**：主語描写述語構文は、主語描写述語が、比較対照される主語の状態に関する選択肢を想起させる場合に適格となる。

*How raw did you eat the meat? と How rare do you usually eat your steaks? はなぜ適格性が違うのか？
—叙述形容詞句の Wh 疑問文—

本章では、タイトル文にあるような英語の Wh 疑問文（How ＋形容詞 ... ?）を考察し、その疑問文が英語として自然であったり、不自然になったりする理由を明らかにしたいと思います。

● How angry did John leave the room? なんて言えるの？

まず、次の4つの文で、文末の形容詞が文中でどのような働きをしているか考えてみましょう。

(1) a. John left the room **angry**. ［主語描写述語］
    b. John ate the meat **raw**. ［目的語描写述語］
    c. John hammered the metal **flat**. ［結果述語］
    d. John made his wife **happy**. ［小節述語］

(1a) は、「ジョンは怒って部屋を出て行った」という意味で、angry は、部屋を出て行ったときのジョン、つまり主語を叙述している（＝主語について述べている／主語を描写している）ので、主語描写述語（subject-oriented depictive predicate）と呼ばれます（【付記1】参照）。一方 (1b) は、「ジョンは肉を生の状態で食べた」という意味で、raw は、ジョンが食べた肉の状態、つまり目的語を叙述しているので、目的語描写述語（object-oriented depictive predicate）と呼ばれます（(1a, b) の文パターンに関しては、

第1章を参照）。これに対し（1c）は、「ジョンは金属をハンマーで叩いて平たくした」という意味で、ジョンが金属をハンマーで叩いた結果、金属が平たくなったので、flat は結果述語（resultative predicate）と呼ばれます。さらに（1d）は、もう皆さんよくご存知の第5文型（SVOC）の構文で、「ジョンは妻を幸せにした」という意味です。この文では、目的語 his wife と補語 happy が「主語・述語」の関係を成しており、Jespersen（1924）はこれをネクサス（nexus）と呼びましたが、生成文法理論と呼ばれる文法理論では小節（small clause）（＝時制要素などを欠く主語・述部の対）と呼ばれているので、本章でもこの用語を用います。

　ここで、次の点を確認しておきましょう。（1a-c）の主語描写述語、目的語描写述語、結果述語は、いずれもそれぞれの文の任意要素（optional element）であり、（1a-c）は、これらの述語がなくても適格な文ですが（John left the room., John ate the meat., John hammered the metal.）、（1d）の小節述語は文の必須要素（obligatory element）であり、この述語がなければ、（1d）は非文法的になります（*John made his wife.）。

　さてここで、（1a-d）のそれぞれの文から、形容詞述語に how を添えて、次のような Wh 疑問文を作ることは可能でしょうか。

(2)　a. **How angry** did John leave the room?［主語描写述語］
　　　（Chomsky 1986: 83）

　　b. **How raw** did John eat the meat?［目的語描写述語］
　　　（ibid.）

　　c. **How flat** did John hammer the metal?［結果述語］

　　d. **How happy** did John make his wife?［小節述語］

結果は、上記のように、（1a, b）の主語描写述語と目的語描写述語

第2章 *How raw did you eat the meat? と How rare do you usually eat your steaks? 27

の Wh 疑問文は、(2a, b) のように不適格となり、(1c, d) の結果
述語と小節述語の Wh 疑問文は、(2c, d) のように適格となります。

(2a, b) と同様に、主語描写述語の Wh 疑問文 (3b)、(4b) と
目的語描写述語の Wh 疑問文 (5b)、(6b) はともに不適格です。

(3) a. John entered the university **happy**. ［主語描写述語］
　　 b. ***How happy** did John enter the university?

(4) a. John danced the waltz **nude**. ［主語描写述語］
　　 b. ***How nude** did John dance the waltz?

(5) a. John drank the beer **flat**. ［目的語描写述語］［flat：気が
　　　　抜けている］
　　 b. ***How flat** did John drink the beer?

(6) a. John drank the milk **fresh**. ［目的語描写述語］
　　 b. ***How fresh** did John drink the milk?

これに対し、(2c, d) と同様に、結果述語の Wh 疑問文 (7b)、
(8b) と小節述語の Wh 疑問文 (9b)、(10b) はともに適格文です。

(7) a. Mary tinted her hair **blond**. ［結果述語］
　　　　［tint：〈髪などを〉染める］
　　 b. **How blond** did Mary tint her hair?

(8) a. The dog picked the bone **clean**. ［結果述語］
　　　　［pick：〈物を〉ほじって～の状態にする］
　　 b. **How clean** did the dog pick the bone?

(9) a. John considered Mary **intelligent**. ［小節述語］
　　 b. **How intelligent** did John consider Mary?

(10) a. I found Sue's apartment **messy**. ［小節述語］
    ［messy：散らかった］
  b. **How messy** did you find Sue's apartment?

　以上の適格例と不適格例から、主語描写述語と目的語描写述語はWh疑問文にならず、結果述語と小節述語はWh疑問文になるという一般化が可能のように見えます。実際、生成文法の枠組みでは、Chomsky (1986) をはじめ、McNulty (1988), Rizzi (1990)等が、そのように主張しています（【付記2】参照）。しかし、そのような一般化は本当に正しいのでしょうか。

● 上記の主張は妥当か？

　前節では、まず、目的語描写述語はWh疑問文にならないということでしたが、次の例を比べてみましょう。

(11) a. ***How raw** did John eat the meat? (Chomsky 1986: 83) (=2b)
  b. **How rare** do you usually eat your steaks?
(12) a. ***How fresh** did John drink the milk? (=6b)
  b. **How fresh** can we buy vegetables at Wilson Farm?
  c. **How fresh** can you buy fish at Legal Sea Foods?

（11a）（=2b）はすでに観察したように不適格ですが、同様の目的語描写述語の Wh 疑問文（11b）は、問題のない適格文です。また、（12a）（=6b）もすでに見たように不適格ですが、同様の Wh 疑問文（12b, c）は完全な適格文です。したがって、目的語描写述語が Wh 疑問文にならないとは言えません。

　次に、主語描写述語はどうでしょうか。一般に主語描写述語は Wh 疑問文になりにくいものの、次のような文は、話し手によって判断に揺れがありますが、（2a），（3b），（4b）よりはるかに適格性が高く、多くの母語話者が適格と判断します。

（13）a. **How drunk** did John come home last night?

　　 b. **How drunk** did John leave the party last night?（cf. 2a）

　さらに、次の（14a）の主語描写述語の Wh 疑問文は、唐突に発話されると不自然、不適格だと判断する母語話者もいますが、（14b）のような文脈では何の問題もない適格文です。

（14）a. ?/??/***How healthy** did John leave the hospital?

　　 b.　　 If you recall that John entered the hospital weak and exhausted, and if you have seen **how healthy** and strong he left the hospital this morning, you have to be thankful for what the doctors have done for him.

　　　　　「ジョンが入院したときは弱々しく疲れていたことを思い出して、そして彼が今朝とても健やかでたくましくなって退院したのを見たなら、あなたは、お医者さんたちが彼のためにしてくださったことに対して感謝せざるを得ないでしょう。」

したがって、主語描写述語の Wh 疑問文も、一律に不適格である
とは言えないことが明らかです（【付記３】参照）。
　さらに次の結果述語の Wh 疑問文を見てください。

(15) a. ??/***How flat** did the gardener water the tulips?
　　 b. ??/***How red** did you boil the lobster?

前節では、(2c)、(7b)、(8b) で観察したように、結果述語の
Wh 疑問文は適格ということでしたが、同様の Wh 疑問文 (15a, b)
は適格性がそれらよりはるかに低く、私たちのネイティヴスピー
カー・コンサルタントたちは不適格だと判断しました。したがっ
て、結果述語の Wh 疑問文が常に適格になるとは言えないことが
分かります。
　以上の考察から、叙述形容詞句の Wh 疑問文の適格性は、叙述
形容詞句が、主語描写述語、目的語描写述語、結果述語、小節述
語のどれであるかに依存する現象ではないことになります。そし
て、Chomsky (1986)、McNulty (1988)、Rizzi (1990) のように、
それぞれの述語の統語構造に基づいて、一律に主語描写述語と目
的語描写述語は Wh 疑問文にならず、結果述語と小節述語は Wh
疑問文になるという説明は、妥当でないことになります。それで
は、このような疑問文の適格性を左右しているのはどのような要
因なのでしょうか。本章ではこの謎を解きたいと思います。

● 元の "V ... AP（形容詞句）" パターンがすぐに想起で　きるか？

　まず、次の２文を比べてみましょう。

第2章 *How raw did you eat the meat? と How rare do you usually eat your steaks? 31

(16) a. **How hard** did you boil the eggs?

　　b. ??/***How red** did you boil the lobster?（=15b）

（16a, b）はともに結果述語の Wh 疑問文ですが、（16a）は適格で、（16b）は不自然、不適格です。両者の違いは何でしょうか。（16a）の卵をゆでるのは、誰もが日常的に行なっていることで、「固ゆで」や「半熟」の卵など、すぐに思い浮かびます。そのため、（16a）の聞き手は、did you boil the eggs を聞いたときに、それが文頭の how hard と結びついていることを容易に理解することができ、（16a）から "boil the eggs hard" の "V … AP" パターンを再構築できます。一方、ロブスターをゆでるのは、一部の地域で行なわれていることで、その上、そのような地域の人たちでさえ、ロブスターをゆでた赤さの程度を区別することは一般的ではありません。そのため（16b）の聞き手は、did you boil the lobster を聞いたときに、それが文頭の how red と結びついていることをすぐには理解できず、"boil the lobster red" の "V … AP" パターンを再構築できません。よって、how red が目的語 the lobster の結果を叙述する形容詞句であると解釈できないと考えられます。

　この点は、"boil eggs hard" の結果構文 "V … AP" パターンは頻繁に用いられるのに対し、"boil lobsters red" の結果構文 "V … AP" パターンは稀であるという点と密接に結びついており、グーグル検索の結果を見ても、次のようにヒット数が大きく異なります（【付記4】参照）。

(17) a. "boiled the eggs hard"： 　　14,700

　　b. "boiled the lobster red"： 　　　　6

　さらに、「固さ」には、hard-boiled eggs, soft-boiled eggs のよう

な表現が一般的であることから分かるように、程度があります
が、「赤さ」に程度があるかどうかは文脈によります。普通の文
脈では、「赤」は「赤」であって、その程度が意識されることは
あまりありません。しかし、ロブスターの味にうるさい人たちが、
ロブスターを十分ゆでたのか、中ぐらいゆでたのか、ほんの少し
だけゆでたのかなどで、どれが一番美味しいかを話しているよう
な文脈なら、「赤さ」に程度があると解釈できます。

以上のことが分かると、(16b)が単独では不適格でも、次のよ
うな文脈で発話されると適格になるのがなぜだか分かります。

(18)　I'm going to **boil** my lobster **medium red**. **How red** do you
　　　 want me to boil yours?

ここでは、第1文で、boil my lobster medium red という "V ... AP"
パターンが示されているので、これが第2文の解釈の呼び水的効
果（priming effect）となり、聞き手は第2文で、how red が目的
語（yours = your lobster）の結果を叙述する形容詞句であること
を容易に理解できます。そしてまた、話し手が、ゆでたロブスター

第2章　*How raw did you eat the meat? と How rare do you usually eat your steaks?　33

の赤さに程度があることを前提として話をしていることも明らか
です。よって、(18) の第2文は適格になると考えられます。

次に、前節で観察した (11a, b)（以下に再録）の対比を考えて
みましょう。

　(11) a. ***How raw** did John eat the meat?（Chomsky 1986: 83）(=2b)

　　　 b. **How rare** do you usually eat your steaks?

(11a) と (11b) の適格性の違いには、いくつかの理由があると
考えられます。第1に、(11a) の raw は「生の／調理されていな
い」(=uncooked) という意味なので、程度がありません。したがっ
て、how raw という表現自体が不自然で、一般的ではありません。
それに対し、(11b) の rare には、very rare, medium rare というよ
うな表現が一般的で、程度があります。第2に、eat something
rare という表現は、something が特にステーキのような場合、eat
something **raw** という表現より頻繁に用いられます。この点は、
両者のグーグル検索のヒット数が、次のように大きく異なる点か
らも裏づけられます。

　(19) a. "eat my steaks raw"：　　　　　111
　　　 b. "eat my steaks rare"：　　　　 8,160

そのため、(11b) の how rare が eat の目的語の状態を描写する叙
述形容詞句であることを聞き手は容易に理解できます。一方、
eat something raw という表現は、それほど頻繁に用いられないの
で、聞き手は (11a) の how raw が eat の目的語を描写する叙述形
容詞句であると理解しにくくなります。第3に、(11b) の your
steaks は、"eat ... rare" パターンの目的語として頻繁に用いられる

ため、聞き手は how rare と eat から "V ... AP" パターンを一層想
起しやすくなります（【付記5、6】参照）。

　同様に、次の文を比べてみましょう。

　(12) a. ***How fresh** did John drink the milk?（=6b）

　　　 b. 　**How fresh** can we buy vegetables at Wilson Farm?

　　　 c. 　**How fresh** can you buy fish at Legal Sea Foods?

日本語でも「何かを新鮮な状態で飲む」とか、「何か新鮮なもの
を飲む」というような表現が一般的でないのと同様に、英語でも
"drink something fresh" は一般的な表現ではないので、聞き手は、
(12a) の did John drink the milk を聞いたときに、それが文頭の
how fresh と結びついていることをすぐには理解できず、"drink
the milk fresh" の "V ... AP" パターンを再構築することが容易では
ありません。そのため、(12a) は不適格であると考えられます。
一方、日本語でも「何かを新鮮な状態で買う」とか、「何か新鮮
なものを買う」というような表現が一般的なのと同様に、英語で
も "buy something fresh" は一般的な表現です。そのため聞き手は、
(12b, c) の can we buy vegetables / can you buy fish を聞くと、それ
が文頭の how fresh と結びついていることを容易に理解すること
ができ、"buy vegetables / fish fresh" の "V ... AP" パターンを再構
築することができます。この解釈は、日本語でも、野菜や魚が新
鮮かどうか頻繁に話すのと同様に、英語でも vegetables や fish が
fresh と頻繁に共起するため、より強固なものとなります。この
点は、次の3つの表現をグーグル検索すると、(20a) と (20b, c)
でそのヒット数が大きく異なる点からも裏づけられます。

　(20) a. "drink the milk fresh" :　　　　　 8

b. "buy vegetables fresh"： 　　5,360

　　　c. "buy fish fresh"： 　　13,900

　上で述べた（12a）（=***How fresh** did John drink the milk?），（16b）（=??/***How red** did you boil the lobster?）の不適格性の説明は，次の目的語描写述語と結果述語の Wh 疑問文の不適格性にも適用されます。

（21）a. 　* **How flat** did John drink the beer?［目的語描写述語］
　　　　　　（=5b）

　　　b. ??/* **How flat** did the gardener water the tulips?［結果述語］
　　　　　　（=15a）

"Drink ... flat", "water ... flat" の "V ... AP" パターンは，"drink ... fresh", "boil ... red" の "V ... AP" パターンと同様に，極めて使用頻度が低いものです。グーグルで検索すると，次のようなほんのわずかなヒット数で，それもそのほとんどが言語学関係の文献で用いられているものでした。

（22）a. "drink the beer flat"： 　　5
　　　　「気の抜けたビールを飲む」

　　　b. "water the flowers flat"： 　　3
　　　　「花に水をかけて倒れた状態にする」

そのため，（21a, b）の聞き手は，did John drink the beer, did the gardener water the tulips を聞いたときに，それらが文頭の how flat と結びついていることをすぐには理解できず，"drink the beer flat", "water the tulips flat" の "V ... AP" パターンを再構築できない

ので、これらの文は不適格になると考えられます。

　一方、次の結果述語の Wh 疑問文を見てみましょう。

（23）a. **How flat** did John hammer the metal?（=2c）
　　　b. **How flat** should I roll the dough?
　　　　［dough：パンやケーキの生地］
　　　c. **How thin** should I roll the dough?

"hammer ... flat" という "V ... AP" パターンは、（21b）の "water ... flat" よりはるかに一般的です。この点は、両者のグーグル検索数が次のように大きく異なることからも明らかです。

（24）a. "water the flowers flat"：　　　　3　（=22b）
　　　b. "hammer the metal flat"：　4,060

さらに、hammer という動詞は、water という動詞より、対象物が変化した結果状態をより強く示唆します（つまり、ハンマーで何かを叩くと、それが平たくなるというような変化が強く示唆されますが、花に水をやっても、花が水力で倒れてしまうというようなことは示唆されません）。そのため、聞き手は、（23a）で did John hammer the metal を聞けば、文頭の how flat が目的語の結果を叙述する形容詞句であることを容易に理解でき、"hammer the metal flat" の "V ... AP" パターンを再構築できるので、この文は適格となります。

　（23b, c）も同様で、"roll ... flat", "roll ... thin" の "V ... AP" パターンが一般的な表現で、roll は対象物のパン生地が平たくなったり、薄くなったりすることを示唆します。この点は、次のグーグル検索数で、これらの表現が極めて多いことからも裏づけられます。

第2章 *How raw did you eat the meat? と How rare do you usually eat your steaks? 37

(25) a. "roll the dough flat"： 245,000

b. "roll the dough thin"： 39,100

そのため、(23b, c) で聞き手は should I roll the dough を聞くとすぐ、文頭の how flat や how thin が目的語の結果を叙述する形容詞句であることを容易に理解でき、"roll the dough flat / thin" の "V … AP" パターンを再構築できるので、これらの文が適格となります。

ここで、(21a, b) (= *How flat did John drink the beer?, ??/*How flat did the gardener water the tulips?) の不適格性と (23a-c) (= How flat did John hammer the metal?, How flat should I roll the dough?, How thin should I roll the dough?) の適格性は、これらの文の統語構造には何ら起因していないことを確認しておきましょう。なぜそのように言えるかというと、不適格な (21a, b) を (26) のような文脈に入れると適格になり、適格な (23a-c) を (27b) のような文にすると不適格になるからです。

(26) Speaker A: Let's water these plants flat to see how long it will take them to get straight on their own.

「これらの植物に水をかけて倒れた状態にし、自力でまたまっすぐになるまでどれぐらい時間がかかるか見てみましょう。」

Speaker B: Okay, but I'm not going to water the lilies flat to the ground because I don't want to drown them.

「了解。でも私はユリが地面にぺしゃんこに倒れるまで水をかけたりはしませんよ。ユリを水浸しにして枯れさせたくないので。」

Speaker A: That makes sense. **How flat** should I water the tulips?

「それは理に適っていますね。チューリップは
どれくらい倒れた状態になるよう水をかけま
しょうか。」

(27) a.　　John hammered the metal **hot**.

　　b. ??/***How hot** did John hammer the metal?

(26) の最後の文は、(21b) とまったく同じ文パターンですが、
この文は（21b）と違ってまったく適格です。その理由は、先行
文脈が "water ... flat" パターンの呼び水的効果を果たしているか
らです。(27a) は "hammer ... hot" が適格な "V ... AP" パターンで
あることを示していますが、それでも（27b）は不自然、不適格
と判断されます。その理由は、"hammer ... hot" は "hammer ... flat"
ほどその使用が頻繁ではありませんし、hammer は、その目的語
対象物が熱くなることよりも平たくなることをはるかに強く示唆
するからです。

　以上の考察から次の仮説を立てることができます。

(28)　　**叙述形容詞句の Wh 疑問文に課される機能的制約**：叙
　　　　述形容詞句の Wh 疑問文は、聞き手がその疑問文を聞
　　　　いて、元の "V ... AP" パターンを再構築できる場合に適
　　　　格となる。

　　　　注記：聞き手が "V ... AP" パターンを再構築できるかど
　　　　　　　うかに関して、少なくとも次の３つの要因が重
　　　　　　　要な役割を果たす。

　　　　　　(a) 問題となる動詞が "V ... AP" パターンで使用
　　　　　　　　頻度が高いかどうか

　　　　　　(b) 先行文脈で "V ... AP" パターンの呼び水的効

果があるかどうか

（c）問題となる動詞が AP を意味上、示唆するか
どうか

　これまでの議論からもうお気づきかもしれませんが、（28）の機能的制約は、主語描写述語、目的語描写述語、結果述語の Wh 疑問文、つまり、文中の任意要素（optional element）である叙述形容詞句の Wh 疑問文に適用することをこれまで観察しました。一方、小節述語の Wh 疑問文、つまり、文中の義務的要素（obligatory element）である叙述形容詞句の Wh 疑問文に関しては、非統語的な制約は何もないように思えます（冒頭で述べたように、John left the room **angry**/John left the room; John ate the meat **rare**/John ate the meat; etc. と対照的に、John made his wife **happy**/*John made his wife. が不適格なのを参照）。これは、小節述語の形容詞句が Wh 移動を受けても、それは文中の必須要素なので、聞き手はそれが "V ... AP" パターンであることを容易に理解できるのに対し、他の述語の形容詞句が Wh 移動を受けると、それは文中の任意要素なので、聞き手はそれが文中でどのような意味関係になっているのか認識するのが一般的に難しいからだと考えられます。したがって、これらのタイプの叙述形容詞句の Wh 疑問文が適格となるためには、（28）のような機能的制約が必要になるというわけです。

● **さらなる例の検討**

　（28）の機能的制約は、次のような文の適格性も説明できます。

（29）a.　**How happy** did John make his wife? ［小節述語］（=2d）

b. **How intelligent** did John consider Mary?［小節述語］（=9b）

（30）a. **How blond** did Mary tint her hair?［結果述語］（=7b）

b. **How dark** did John paint the shed?［結果述語］

（29a、b）の小節述語の Wh 疑問文が適格なのは、make, consider が "V ... AP" パターンで極めて頻繁に用いられ、小節述語の AP がこれらの文の義務的要素であることに起因しています（（10b）（=How messy did you find Sue's apartment?）の適格性も同様に説明できます）。また、（30a、b）の結果述語の Wh 疑問文が適格なのは、tint, paint が "tint/paint ... AP" パターンでよく用いられ、これらの動詞は目的語対象物の色の変化を示唆することに起因しています（（8b）（=How clean did the dog pick the bone?）も同様に説明できます）。

（28）の制約は、次の（b）文の不適格性も説明できます。

（31）a. We drank the keg dry.

（drink the keg dry は「（ビールの）樽を飲み干す」という意味の熟語）

b. ***How dry** did you drink the keg?

（32）a. We knocked him out cold.

（knock x out cold は「x を殴って気絶させる」という意味の熟語）

b. ***How cold** did you knock him out?

（31a）の drink the keg dry は、「（ビールの）樽を飲み干す」という意味の熟語で、dry（「干上がった、涸れた」）は結果述語ですが、the keg の直後に現われる場合にのみ、このような熟語的意味で用いられます。そのため、たとえば *We drank the whisky bottle dry. のような文は意味を成しません。よって聞き手は、（31b）で did you drink the keg を聞いたとき、それが文頭の how dry と結びついて "drink the keg dry" として機能していることを再構築できず、不適格となります。（32a）でも、knock x out cold は「x を殴って気絶させる」という意味の熟語で、cold（「意識のない」）は結果述語ですが、この熟語表現で用いられてこのような意味になります。そのため、聞き手は（32b）で did you knock him out を聞いても、それが文頭の how cold と結びついて "knock him out cold" の熟語表現として再構築することがほとんど不可能で、この文も不適格となります。さらに（31b）と（32b）が不適格なのは、これらの熟語表現の dry や cold には、程度がないという事実にも起因し、それは、次の（33a, b）が不適格であることからも分かります。

(33) a. *We drank the keg **a little dry**.

　　b. *We knocked him out **very cold**.

（28）の制約は、主語描写述語の Wh 疑問文の適格性も説明することができます。（14a, b）（以下に再録）を見てみましょう。

(14) a. ?/??/***How healthy** did John leave the hospital?

　　b.　　If you recall that John entered the hospital weak and exhausted, and if you have seen **how healthy** and strong he left the hospital this morning, you have to be thankful for what the doctors have done for him.

（14a）は、

(i) "leave ... AP" が一般的に用いられるパターンではなく、

(ii) この "V ... AP" パターンに対する呼び水的効果がなく、

(iii) leave は「健康な状態で」(healthy) というような意味をまったく示唆しないので、

（28）の制約を満たさず不適格です。一方、同じ文パターンでも（14b）が適格なのは、先行文脈の John entered the hospital weak and exhausted. が、"V ... AP" パターンの呼び水的効果を果たしており、そのため聞き手は、enter the hospital に続いて left the hospital を聞くと、how healthy and strong が "leave ... AP" パターンとして機能していることを容易に再構築できるからです。

同様に、次の文を見てみましょう。

（34）a. ***How nude** did John dance the waltz?（=4b）

b. ***How angry** did John leave the room?（Chomsky 1986: 83）（=2a）

（13）a. **How drunk** did John come home last night?

b. **How drunk** did John leave the party last night?（cf. 2a）

（35）　Speaker A: John comes home extremely angry at the people that he works with on days when he is busy.

Speaker B: **How angry** does he come home on Fridays?

（34a）が不適格なのは、

(i) dance は "V ... AP（主語描写述語）" のパターンでは極めて稀にしか用いられず、

第2章 *How raw did you eat the meat? と How rare do you usually eat your steaks? 43

(ii) 呼び水的効果がなく、

(iii) ダンスをすることが、その行為者が裸であることをまっ
たく示唆せず、

(iv) nude には程度がない、

という理由によります（【付記7】参照）。

同様に（34b）が不適格なのは、

(i) "leave ... AP（主語描写述語）" が頻繁に用いられるパター
ンでなく、

(ii) 呼び水的効果がなく、

(iii) leave はその行為者が怒っていることをまったく示唆しな
い、

という理由によります。

一方、（13a, b）が適格なのは、come（home）drunk や leave a
party drunk が、私たちの社会ではよくある事柄なので、聞き手は
（13a, b）でこれらの語順が Wh 移動により変わっていても、容易
にこの文パターンを再構築できるからです。同様に（35B）が適
格なのは、（35A）の先行文が "come ... angry" パターンの呼び水
的効果を果たしており、聞き手は文頭の how angry をこの "come
... AP" パターンに再構築するのが極めて容易だからです。

● 結び

私たちは本章で、叙述形容詞句の Wh 疑問文について考察しま
した。一見すると、主語描写述語と目的語描写述語の Wh 疑問文
は不適格で、結果述語と小節述語の Wh 疑問文は適格であると思

えます。しかし、このような一般化は決して成立しないことを様々な例をあげて示しました。そしてこの現象は、文の構造というような統語的要因ではなく、問題となる "V ... AP" パターンの使用が一般的か、このパターンの呼び水的効果があるか、動詞が叙述形容詞を示唆するか、叙述形容詞に程度があるか、というような意味的・機能的要因に依存していることを示し、この現象の適格性を説明するために次の仮説を提出しました。

(28)　**叙述形容詞句の Wh 疑問文に課される機能的制約**：叙述形容詞句の Wh 疑問文は、聞き手がその疑問文を聞いて、元の "V ... AP" パターンを再構築できる場合に適格となる。

　　　注記：聞き手が "V ... AP" パターンを再構築できるかどうかに関して、少なくとも次の３つの要因が重要な役割を果たす。

　　　　(a) 問題となる動詞が "V ... AP" パターンで使用頻度が高いかどうか

　　　　(b) 先行文脈で "V ... AP" パターンの呼び水的効果があるかどうか

　　　　(c) 問題となる動詞が AP を意味上、示唆するかどうか

そしてこの仮説により、本章で提示したすべての例が説明できることを示しました。

She's a beauty. と She's beautiful. は同じ意味か？

　読者の皆さんは、Beauty Contests と言う表現や、映画題名 Beauty and the Beast (「美女と野獣」) などから、beauty に「美女」と言う意味があることをご存知だと思います。Beautiful は、名詞 beauty の形容詞形で、「美しい」と言う意味を表わします。それで、このコラムの表題 She's a beauty. と She's beautiful. は同じ意味を表わすか否か、という疑問が起こります。

　「美女」の意味の beauty は、それと矛盾した意味の形容詞に修飾されて用いられても適格表現です。ニューイングランドの詩人・小説家のミリアム・レヴィン (Miriam Levine) は、ウェブサイトの Ugly Beauty という表題 (July 26, 2009) の下で、自分は、満月のような beautiful としか形容の仕様のないものには興味がない、I like ugly beauty. と宣言し、ジャン・コクトー (Jean Cocteau) 監督の「美女と野獣」(La belle et la bête) (1946) の野獣、ダ・ヴィンチ (Da Vinci) の老人の顔のデッサンとともに、女優ジョーン・クロフォード (Joan Crawford) (1905-1977。1945 年にアカデミー主演女優賞受賞) の写真を並べて、その上に次の文を記しています。

（1）Joan Crawford is **an ugly beauty**.

掲載されているのは、黒いドレスを着たジョーン・クロフォー

ドがうつむいていて、彼女の顔もよく見えない写真です。数ある女優の中から、なぜミリアム・レヴィンがジョーン・クロフォードを ugly beauty の代表として選んだか定かではありません。ジョーン・クロフォードは、1925 年に映画界にデビューして、数年のうちにフラッパー（flapper: 1920 年代の流行語で、服装・行動が型破りな若い娘）を代表するもっとも有名なスターになりました（ja.wikipedia）。1930 年代には、グレタ・ガルボ、ベティー・デイビスなどと並び称される、MGM（Metro-Goldwyn-Mayer）の看板女優となり、読者の皆さんも映画「風と共に去りぬ」のレット・バトラー（Rhett Butler）役でお馴染みかもしれないクラーク・ゲイブル（Clark Gable）と何度も共演しています。しかし、彼女の我が世の春は長く続かず、ファン層も減り、1945 年に 40 歳でアカデミー主演女優賞を手にする前には、すでに採算のとれない俳優という烙印を押されていたということです。受賞時の彼女の写真を見ると、美人であることは間違いありませんが、デビュー時代の無垢な美しさはなくなって、知的な厳しい、怖い顔つきになっています（小津安二郎監督の『晩秋』で原節子が怒ったときにそっくりな顔と言っても分かってくださる読者はほとんどないことと思いますが）。その後も映画出演、テレビ映画・番組の出演を長く続け過ぎ、若い全盛時代の彼女の美貌を覚えていたに違いないレヴィンが ugly と形容したのかもしれません。

　レヴィンがジョーン・クロフォードを ugly beauty と名付けたことについて、もう 1 つ考えられることがあります。彼女は、ハリウッドでの出世のために、いろいろ強引な手段を使い、その点で悪い噂の多かった女優でした。また 4 人の子供を養子として育てたのですが、その長女クリスティーナが、クロ

フォードが死去した翌年の 1978 年に *Mommie Dearest*（『親愛なるマミー――ジョーン・クロフォードの虚像と実像』評論社1981）という題名の本を出版しました。その中で、ジョーン・クロフォードがクリスティーナに肉体的、精神的に虐待を繰り返していたと書かれていました。ミリアム・レヴィンがジョーン・クロフォードを ugly beauty と呼んだのは、彼女の容貌の衰えのことだけでなく、彼女の人格も含めてのことだったかもしれません。

　Ugly beauty という表現は、形容詞 ugly の意味が、それが修飾している名詞 beauty の意味の反意語に近いがゆえに、人目を引く、忘れがたい表現です。そのためか、芸術作品の題名や、本の題名などによく使われています。たとえば、アフリカ更紗を材質とした人物像の立体作品の制作などで注目を集めているインカ・ショニバレ（【付記】参照）のブランコに乗った首のない女性像は、Ugly Beauty と名付けられています。同じ表現が、ジャズピアニスト・作曲家のセロニアス・モンク（Thelonius Monk）の即興演奏曲の名前にも使われていますし、また、化粧品会社ヘレナ・ルビンスタイン社の創業者についてのルース・ブランドン（Ruth Brandon）の伝記（2011）のタイトルにも使われています。後者の場合、化粧品女王のルビンスタインのあくどい商法を暴いた本に違いない、という推察がしやすく、購読者を引き付ける非常に効果的なタイトルになっています。

　ジョージ・エリオット（George Eliot 1819-1880、本名Mary Anne Evan）は、女性作家は深みのないロマンス小説しか書かないというステレオタイプから逃れるために、男性ペンネームを使って執筆した、ヴィクトリア朝を代表する作家の一人で、『アダム・ビード（Adam Bede）』、『サイラス・マーナー

(Silas Marner)』、『ミドルマーチ (Middlemarch)』などの心理的洞察と写実性に優れた作品で知られています。特に『ミドルマーチ』は後世のヴァージニア・ウルフによって賞賛され、マーティン・エイミス (Martin Amis) やジュリアン・バーンズ (Julien Burns) によって、英語で書かれた最高の小説の１つに数えられています (ja.wikipedia)。エリオットは数多くの名言を残していますが、その中で、筆者が読むたびに微笑まざるを得ないのは、I'm not denyin' the women are foolish. God almighty made 'em to match the men. 「女性が愚かだということを私は否定しません。全能の神は、女性を男性の相手としてふさわしいようにお創りになったのです。」という、辛辣な寸言です。彼女の信条と才知があふれ出ている寸言です。この "less than conventionally beautiful appearance" 「慣習的に美貌と言われているものには劣る容貌」のヴィクトリア朝の一大作家について、The New Yorker が、レベッカ・ミード (Rebecca Mead) 著「ジョージ・エリオットの醜い美貌」(*George Eliot's Ugly Beauty*) と題するエッセイ (9/19/2013) を掲載しています。目次でこのタイトルを見た人に、この記事を真っ先に読もうと思わせるようなタイトルです。

　それでは、どうして、beauty「美女」という名詞表現が、その反意語に近い ugly に修飾されていても、適格な表現となるのでしょうか。この謎の答えは、本章のタイトル「She's a beauty. と She's beautiful. は同じ意味か?」を「(2a) と (2b) は同じ意味か」に置き換えることによって、浮かび上がってきます。

(2)　a.　She is a president.

b. She is presidential.

（2a）は、彼女が大統領という肩書きを持っていることを話し手が主張する文です。他方、（2b）は、彼女が大統領にふさわしい恒常的特質を持っていることを主張する文です。大統領の肩書きを持っている人が必ずしも大統領にふさわしい恒常的特質を持っているとは限りませんから、（3）は意味的にも適格な表現です。

（3） She's a non-presidential president.

　そうすると、本コラムのタイトルが投げかけた質問の答えは、次のようになります。

（4） a. She's a beauty. は彼女の肩書き、俗称、あだ名が
　　　　　a beauty であることを話し手が主張する文であっ
　　　　　て、必ずしも彼女が beautiful であるとは、主張し
　　　　　ていない文である。
　　　 b. She's beautiful. は、彼女が「美しい」という恒常
　　　　　的特質を持っていることを主張する文である。

したがって、（1）の Joan Crawford is **an ugly beauty**. は意外な表現であり、矛盾した表現ではないので適格文と判断されますが、次の（5）は、ジョーン・クロフォードが ugly と beautiful という互いに相いれない恒常的特質を持っていることを主張する文なので不適格となります。

（5） a.*Joan Crawford is ugly and beautiful.

b.*Joan Crawford is an ugly and beautiful actress.

　X is a beauty. の a beauty のような名詞表現が、X の「肩書き・俗称・あだ名」を表わすに過ぎないということから、名詞表現に、それが示唆する意味と反対の意味の修飾形容詞が付加されている表現がよく見受けられます。マサチューセッツ州出身のバプティスト派教会の牧師で、フィラデルフィアのテンプル大学の創設者ラッセル・ハーマン・コンウェル（Russell Herman Conwell）（1843-1925）の伝記 *Russell H. Conwell and His Work: One Man's Interpretation of Life*（著者アグネス・ラッシュ・バー（Agnes Rush Burr, 1917））に、次の記述があります。

(6) Dr. Conwell ... **is a penniless millionaire.** He is a rich man without a bank account. He has little of what the world calls wealth. This is not because of inability to earn. He could have been today many times a millionaire had he been so inclined. Yet, without money, he represents success – a success surely as great as that to which any millionaire can point.

　「コンウェル博士は、一文無しの百万長者です。彼は、銀行預金のないお金持ちです。彼は、俗世間が富と呼ぶものをほとんど持っていません。これは、富を得る能力の欠如によるわけではありません、彼は、もし望めば、今日、何百万長者になっていたでしょう。それにもかかわらず、お金なしで、彼は、成功 ― どんな

百万長者が成し遂げた大成功にも疑いなく匹敵する成
　　　功 ― のシンボルです。」

　この millionaire というのは、著者アグネス・バーが牧師コン
ウェルにつけた肩書き・あだ名です。A penniless millionaire
というのは、語呂もいいし、ユーモラスなので、人目を引く表
現です。その後、Penniless Millionaire というタイトルで、
牧師コンウェルとは無関係の映画が、少なくとも３つ現われま
した。その最初は、上海を舞台とし、結婚詐欺に巻き込まれた、
銀行家の勘当された息子を主人公とする、英国サイレントギャ
ング映画（1921）です。2013 年には、モリー・ヘイズ
（Molly Hayes）著の『一文無しの百万長者：シャロン・ティ
ラバッシが宝くじの大賞金（筆者注：２千万ドル＝約 20 億円）
を束の間に失くしてしまった話や、その他の宝くじ悲劇』
（*Penniless Millionaire: How Sharon Tirabassi Lost Her Jack-*
pot, and Other Tales of Lottery Woe）というタイトルの eB-
ook が世に出ました。
　アメリカのロックミュージックの重鎮ボブ・ディラン（Bob
Dylan 1941- ）が 2016 年にノーベル文学賞を受賞したこと
は、読者の皆さんの記憶にまだ新鮮に残っていることと思いま
す。ロックミュージックの作詞、作曲、歌い手のディランがど
うしてノーベル文学賞？といぶかった人たちが世界中に大勢い
たことと思います。実は、かねてから、ディランを古代ギリシャ
の叙情詩人ホメロス（Homer）や古代ローマの叙情詩人オー
ヴィッド（Publius Ovidius Naso）、ヴァージル（Publius
Vergilius Maro）に匹敵する大叙情詩人と評価する一群の知
識人たちがいました。その筆頭は、ハーバード大学の西洋古典
学科（Department of the Classics）のリチャード・トーマ

ス（Richard Thomas）教授でした。トーマス教授は 2004 年に、ボブ・ディランというタイトルのコース（ギリシャ語、ラテン語の原書の翻訳を使ったコース）を古典学科のコースとしてスタートし（同教授履歴書から）、当初は、同僚の一部から冷笑を浴びせられたという話ですが、その後 2008 年、2012 年に同じコースが開講されたときには、大学の文理学部のコースの中でもっとも評判の高いコースの１つとなったという話です。2016 年のディランのノーベル文学賞受賞で、教授の先見の明が高かったことが明らかになって、学科内で教授のディラン・コースを冷笑する同僚は皆無になったことと推察します。

　前置きが少し長くなりましたが、このボブ・ディランを、this non-preaching preacher, this non-teaching teacher と呼んだ人がいます。英語の博士号（ Ph.D.）を持ち、最初大学で英語とスピーチの教鞭をとり、その後、フォーク・ソング・シンガー、ロックミュージック評論家となったロス・アルトマン（Ross Altman）です。この表現は、カリフォルニア州オンタリオの小さい町で開かれたディランのコンサートの感想を綴った記事（"Bob Dylan and His Band in Concert at the Citizens BusinessBank Areana of Ontario," folkWorks, 8.19.2010）に使われたものです。一見、ディランが単にロックミュージックの重鎮であるだけではなく、奥行きの深い伝道者・教育者的存在であることを強調したほめ言葉であるかのように思えます。それと同時に、アルトマンは、ジョニィ・ミッチェル（Joni Mitchell）（1943-）（Dylan より２歳年下で、Rolling Stones が史上最高の女性アルバムアーティストと呼んだシンガー・ソングライター）の主張（2010）― ディランを一躍有名にした初期の作詞 Blowing in the Wind や Like a Rolling Stone などが、ディランの自作詞であるはずがない、ディランは盗作者だ、という主張（2010）― を半ば信じています（Ross Altman, Who Wrote Dylan? folkWORKS, September-October, 2010）から、反対に、これはディランをけなしている表現かもしれません。

以上、このコラムでは、

（1） Joan Crawford is **an ugly beauty**.
（5） Dr. Conwell ... is **a penniless millionaire**.

のような一見矛盾している表現が、beauty, millionaire などの名詞表現を肩書きとみなせば、肩書きと実体が同一であるとは限らないことから、矛盾ではなくなる、というアイデアからスタートして、いくつかの興味を惹く実例を考察してきました。最後に、同じ種類の実例をさらにいくつか列挙して、このコラムを閉じることにします。

● Non-lawyering lawyer:
   Tammy Strait is a mom of 3 boys, writer, and **non-lawyering lawyer** living in beautiful northern Idaho. (Tammy Strait)

   Non-lawyering lawyer. Verrrrrrrrrrrrrry elite. (Blaine Ellliot)

● Penniless Investor:
   In the tale "Hector's Bunyip," a **penniless investor**

and his family fight to keep their home and their foster child. (TV Guide)

● Indecisive Decider:

The Indecisive Decider – デイリー・コス(Daily Kos)(デイリー・コスは、米国のリベラル・ポリティックスのグループ・ブログ、インターネット・フォーラム) 時の国防長官ドナルド・ラムズフェルド(Donald Rumsfeld)が、意見を高く評価されている6人の退役将官に、辞職することを勧められて、それを無視したことから四面楚歌の状態にあったのを、ブッシュ大統領 (George W. Bush) が強く弁護して、辞職させるべきか否かは、I am the decider. と言ったことから、流行語になりました。その後、外交政策などについてブッシュが優柔不断で、決断ができないことが続いて、indecisive decider という表現が生まれました。

● An Honest Liar:

前身は、手品師、エスケイプ・アーティスト(手錠・縄抜けの曲芸師)、転じて心霊媒介者、信仰治療師(faith healer)、詐欺師などの虚偽を摘発することに専心した教育者の一生を描いたドキュメンタリー映画のタイトル。

● Freedomless Freedom:

Women are now allowed to smoke in Chicago jails, which may be called the **freedomless freedom**. (The Charlotte News from Charlotte, North Carolina, September 1, 1920)

「シカゴの刑務所では、女性の囚人は現在タバコを吸うことが許されている。それは、『自由のない自由』と呼べるかもしれない。」

● Non-committal Commitment:

Non-committal commitment. Once a flirt, always a flirt. (Stephen D. Dowden, Thomas P. Quinn, 2014)
「文責（書いたことに責任を持つこと）なしの文責。一度意見を変える人は、いつも意見を変える人だ。」(Stephen D. Dowden, Thomas P. Quinn, 2014)（Dowden と Quinn が、ゲーテの Wahlverwandschaften（親和力）という作品の批評の中で、垣根ことば（＝直接的な表現を避けて、話し手の確信のなさ、表現の婉曲性、丁寧さなどを表わす表現）の多発を指して使った表現）。

限定用法と叙述用法の形容詞の意味の相違

第3章

●限定用法の形容詞と叙述用法の形容詞

　第1章の冒頭で述べたように、形容詞には、(1a) に例示するように、名詞に先行して、その名詞が表わす意味範囲を限定する用法と、(1b) に例示するように、Be 動詞（や seem, appear 等）のあとに現われて、補語としてその主語の属性や一時的状態を叙述する用法があります。前者を限定用法の形容詞（attributive adjectives）、後者を叙述用法の形容詞（predicative adjectives）と呼ぶことにします（【付記1、2】参照）。

(1) a. a **courteous** boy　（限定用法の形容詞）
　　 b. Bill is **courteous**.　（叙述用法の形容詞）

　Quirk et al. (1985: 1242) と安藤 (2005: 483-484) に、限定用法の形容詞と叙述用法の形容詞の表わす意味の違いについて興味深い記述があります。下に、まずこの問題についての Quirk et al. の記述を引用します。Quirk et al. は、この2つの形容詞用法と、それが修飾する名詞句との位置関係に着目して、限定用法を前置修飾用法（premodification）、叙述用法を後置修飾用法（postmodification）と呼んでいます。

(2) Modification in noun-phrase structure may also be seen as permanent or temporary, such that items placed in premodification

position are typically given the status of PERMANENT or, at any rate, characteristic features. Although this does not mean that postmodification position is committed to either temporariness or permanence, those adjectives which have to be predicative have a notably TEMPORARY reference.（Quirk et al. 1985: 1242）（下線筆者）

「一時的（temporary）と恒常的（permanent）修飾：前置修飾形容詞（＝限定用法の形容詞）は、概して恒常的状態、あるいは少なくとも、修飾されている名詞句の特質を表わす。このことが、後置修飾形容詞（＝叙述用法の形容詞）が、恒常的状態か一時的状態のいずれかしか表わし得ないということを意味するわけではないが、叙述用法しかない形容詞は、一時的状態しか表わし得ないという特質を持っている。」

Quirk et al. の、「前置修飾形容詞（＝限定用法の形容詞）は、概して恒常的状態、あるいは少なくとも、修飾されている名詞句の特質を表わす」という主張、および Quirk et al. が、それから派生すると考えている「恒常的状態を表わす形容詞しか、限定用法の形容詞として用いられ得ない」という主張に、私たちは異論ありません。また、「後置修飾形容詞（＝叙述用法の形容詞）が、恒常的状態か一時的状態のいずれかしか表わし得ないということを意味するわけではないが」（原文の下線部分）という回りくどい表現で主張していること、つまり、後置修飾形容詞は恒常的状態と一時的状態のいずれをも表わすことができる、という観察にも、私たちは異論ありません。（次節で説明しますが、この回りくどい主張が、安藤（2005）に、「叙述用法には、概して、一時的解釈しかない」という誤解を与えたものと思われます。）確かに、

第3章　限定用法と叙述用法の形容詞の意味の相違　59

（3a）と（3b）には、この相違があります。

(3) a. He's an **unhappy** man.（限定用法の形容詞：恒常的解釈「彼は、常に不満感を持っている男だ。」のみ）
   b. He's **unhappy**.（叙述用法の形容詞）
     b$_1$. 恒常的解釈「彼は、常に不満感を持っている。」
     b$_2$. 一時的解釈「彼は、今（何かについて）不満感を持っている。」

限定用法の（3a）は恒常的解釈のみ、一方、叙述用法の（3b）は、恒常的解釈と一時的解釈の両方があり、Quirk et al. の指摘通りです。
　（2）の最後で Quirk et al. は、「叙述用法しかない形容詞は、一時的状態しか表わし得ないという特質を持っている」と述べていますが、この主張の根拠に、形容詞 ready しかあげていません。

(4) a. *the ready man（ready は、叙述用法しかない形容詞）
   b. The man is ready.（ready は、一時的解釈しかない形容詞）

次に、（5a-f）に示すグーグルからの実例を見てください。

(5) a. Young Hannah turned a disapproving stern frown upon the instigator of *the **uttered phrase*** ...
      「若いハナは、その表現を口にした扇動者に、非難する厳しいしかめつらを向けた。」
   b. He showed it through *a **spoken word*** of affirmation. He showed it through the outward affection of a hug. You knew, without a doubt, he loved you.

「彼はそれを肯定を表わす発話された言葉で示した。
　　彼はそれを、ハグという愛情の発露で示した。あなた
　　は、疑いなく、彼があなたを愛していたことを知って
　　いた。」

c.　The ***discovered planet*** travels around its star called KELT-9
　　in just one and half days.
　　「発見された惑星は、恒星 KELT-9 をわずか一日半で一
　　周する。」

d.　The ***introduced legislation*** would do away with that system.
　　「提出された法案は、そのシステムを不要とするであ
　　ろう。」

e.　... participants visited three States, nine cities and more than
　　forty advanced technology centers, innovation hubs, public-
　　private partnerships, and strategic investments. The ***visited***
　　cities were Minneapolis and Rochester, Minnesota; La
　　Crosse, ...
　　「参加者たちは、3つの州、9つの都市、40を超える
　　先端技術センター、新機軸中心地、公私提携、および
　　戦略的投資会社を訪問した。訪問先の都市は、Minne-
　　apolis と Rochester, La Crosse , ... であった。」

f.　Officers may enter the perimeter thinking they can catch *a*
　　spotted suspect before that person disappears into a wooded
　　area.
　　「警官たちは、見かけられた容疑者を、その男が森林
　　地帯に雲隠れする前に、逮捕することができると考え
　　て、その周辺に入るかもしれない。」

これらの文では、過去分詞形の形容詞の uttered, spoken, discovered, introduced, visited, spotted が限定用法の形容詞として用いられています。過去分詞形の形容詞は完了受身の解釈を表わします。したがって、これらの文の過去分詞形形容詞は、「発話ずみの、話されずみの、発見ずみの、…」という恒常的な状態を表わしていることになるので、これらの表現が限定用法として適格文（5a-f）に現われていることに何ら矛盾がありません。これらの過去分詞形の原形 utter, speak, discover, introduce, visit, spot は一時的状態を表わすので、これらの過去分詞形には限定用法がないはずだ、というような議論は成り立ちません。（私たちがどうしてこのことを問題としているかは、次節で明らかになります。）

　(2) の記述で、Quirk et al. は、typically（「概して」）という「垣根ことば」（hedge word – ある表現内容の事実性を弱め、文内容の事実性に対する話し手のためらいや確信のなさ、表現の婉曲性、丁寧さなどの効果を導く表現。『謎解きの英文法 ― 時の表現』コラム②：「『垣根ことば』と助動詞」参照）を使って、断言することは避けていますが、彼らの主張は、概して正しい主張であると考えられます。

● a lost purse と *a found purse

　安藤（2005: 483-484）には、次の記述があります。

　(6)　形容詞の意味論的下位分類 –「恒常的：一時的」
　　　形容詞の意味論で一番重要なことは、限定用法の形容詞は通例、主要語の「恒常的（permanent）な特徴」を表わすのに対して、叙述用法の形容詞は通例、主要語の「一時的（temporary）な状態」を表わすという点である。
　　　(i)　a.　I like **hot** tea.（私は熱い紅茶が好きだ）［恒常的な

特徴］

    b. I like my tea **hot**.（紅茶は熱いのがいい）［一時的な
特徴］

「限定用法の形容詞は通例、主要語の恒常的（permanent）な特徴
を表わす」という安藤の主張は、前節で紹介した Quirk et al. の主
張と同じで問題はありません。しかし、「叙述用法（＝後置修飾）
の形容詞は通常一時的解釈を表わす」という主張は、Quirk et al.
の、Although this does not mean that postmodification position is com-
mitted to either temporariness or permanence「このことが、後置修
飾形容詞（＝叙述用法の形容詞）が、恒常的状態か一時的状態の
いずれかしか表わし得ないということを意味するわけではない
が、」という回りくどい表現で表わした主張（つまり、「後置修飾
形容詞（＝叙述用法の形容詞）には、恒常的と一時的の二義があ
る」という主張）を読み違えたものと推察できます。前節の（3b）
で、He is unhappy. を例示して叙述用法の形容詞に恒常的状態解
釈と一時的状態解釈の二義があることを示しましたが、ここでさ
らなる例を用いて、安藤の主張が間違いであることを示します。
次の例文を見てください。

  （7）He's {courteous, timid, kind, hardworking, shy, quick}.
     「彼は {礼儀正しい、内気だ、親切だ、勤勉だ・よく働く、
     恥ずかしがりだ、頭の回転が速い}。」

（7）の叙述用法の形容詞は、いずれも、恒常的解釈と一時的解釈
を許しますが、文脈なしの（7）のデフォルト解釈は、安藤の主
張に反して、恒常的解釈です。
  安藤はさらに、次の対比を示して、「一時的な状態」を表わす

形容詞は、限定的に使用することはできない、と主張しています。

> (ii) a. a lost purse（失くした財布）【付記３】参照）
> b.*a found purse（見つかった財布）

（iia）が適格なのは、「失くした」という状態は見つかるまで続くため、「恒常的状態」を表わすので、lost の限定用法が可能であるのに対し、「見つかった」という状態は瞬時に終わるので、found を限定用法で使うことが許されず、（iib）が不適格になる、というのが、（iia）と（iib）の適格性対比についての安藤の説明です。

　安藤の「見つかった」という状態は瞬時に終わる、という主張には問題があります。Find「見つける」という動作は瞬時に終わりますが、found「見つかった、発見ずみの」という状態は、すぐには終わりません。この点は、前節で、適格文（5c）(= *The discovered planet* travels around its star called KELT-9 in just one and half days.) などの用例で、説明ずみです。

● 安藤の *a found purse は本当に不適格か？

　Found が限定用法として用いられている表現で、疑いなく適格なものが、いくらでもあります。（8a-d）は、グーグルからの実例です。

> (8) a. The **Found** Treasures, a fantasy fiction | Fiction Press
> 　　 「見つかった宝物、空想小説 | Fiction Press」
>
> 　　 b. The **Found** Treasures of Beachcombing | Houston Press
> 　　 「ビーチをくまなく探して見つかった宝物 | Houston Press」

   c. The **Found** Treasures of a Great Pianist – The New York Times（【付記4】参照）
「偉大なピアニストの見つかった宝物 – New York Times」

   d. The **Found** Dogs: The Fates and Fortunes of Michael Vick's Pitbulls, 10 Years After Their Heroic Rescue. Paperback by Jim Gorant（【付記5】参照）
「救出された犬：マイケル・ヴィックのピットブルの悲運と幸運—英雄的救出の10年後（ジム・ゴラント著）」

　安藤は、(iib)（= *a found purse）を不適格とマークしていますが、私たちの母語話者コンサルタントは、a found purse は、a lost purse に比べればはるかに頻度数の低い表現であるけれども、それを適格と判断し、グーグルから実例（9a-c）を見つけてくれました。(9d) は筆者が見つけた同じくグーグルからの実例です。

(9) a. Letter: A lost purse, **a found purse** & the cookie lady strikes back.（TriCity News）（【付記6】参照）
「手紙：失くなった財布、見つかった財布、そしてクッ

キー・レディの反撃」

b. Newton Police said this isn't the first time they've heard of a scam involving **a found purse** and a proposition to split the cash found in it.

「（米国マサチューセッツ州の）ニュートン警察は、これが、見つかったハンドバッグとその中に入っていた現金を山分けしようという提案に関する詐欺を耳にした初めてのことではない、と言った。」

c. A girl of 9 years will take **a found purse** to the police, whereupon 'there might be a reward'. （Norman J. Bull, 2010）

「9歳の少女は、見つかった財布を警察に届けるであろう。そうすれば、"報奨金があるかもしれない"。」（Norman J. Bull は、カナダの British Columbia 在住の宗教・道徳を主題とした多数の本の著者）

d. A few weeks later I got a thank you card with a £20 voucher inside. Not everyone runs off with *a found purse* and money so it's always worth checking with the police.

「数週間後に私は、20 ポンドのバウチャーの入った礼状を受け取った。すべての人が見つけた財布とお金を持ち逃げするわけではないから、（財布を失くしたら）必ず警察に尋ねる値打ちがある。」

● なぜ a found purse のグーグル頻度数は、a lost purse に比べて極小か？

前節で述べたように、私たちの母語話者コンサルタントは、（9a-c）を何の問題もない適格表現と言いますが、同時に、稀に

しか聞かない表現と言います。グーグル頻度数も、a lost purse の約5万件に比べて、a found purse は約800件で、極小です。安藤は、a found purse を不適格とさえ述べています。これは一体なぜでしょうか。その1つの理由は、個人の purse が（8a-c）の treasure と異なり、一般大衆の関心の的でないことです。もう1つの理由は、財布を失くした場合、それは見つかるまで失くした財布ですが、それが見つかったとき、それを「見つかった財布」というレッテルをつけて呼ぶことは、（まだ見つかっていない財布がある、というさらに稀なケースを除いて）まずないでしょう。その人は、単に、"I've found my lost purse."「失くした財布を見つけた」と言うでしょう。ということは、a found purse は、通常、「見つかったよその人の財布」を意味することになります。一般的に、よその人の財布をたとえば道端で拾うことは、自分の失くした財布を見つけるよりさらにはるかに稀なことです。他方、警察署や大きい駅などの Lost & Found 部署では、所有者不明の物件の届け出が、頻繁な話題になります。実際、先に述べた約800件の a found purse のグーグル用例の大半は、警察署関係の記事からのものです。

　安藤の母語話者コンサルタントたちが、a found purse を不適格と判断した主な理由は、見つかったものすべての中で、purse があまりにも小さい範疇であるため、彼らが聞いたことがなかった表現であったことに起因していたものと想像できます。もし安藤が、purse の代わりに、もっと大きい範疇の名詞、たとえば、item, animal, あるいは一般大衆の関心の的を表わす単語を選んで母語話者チェックをしていたら、適格表現という判断を得られたに違いありません。Purse と item, animal, treasure の次のグーグル頻度数比較を見てください。

第3章　限定用法と叙述用法の形容詞の意味の相違　67

（10）a.　a lost purse:　　　　　　　48,500

　　　b.　a found purse:　　　　　　　1,600

（11）a.　a lost item:　　　　　　　232,000

　　　b.　a found item:　　　　　　146,000

（12）a.　a lost animal:　　　　　　104,000

　　　b.　a found animal:　　　　　　10,900

（13）a.　a lost treasure:　　　　　221,000

　　　b.　a found treasure:　　　　102,000

人が、失くした財布、見つけた財布を lost/found items と呼ぶこと
はないでしょうが、警察署や大きい駅の Lost & Found 部署では、
細かい範疇識別はしないで、財布でも、傘でも、旅行鞄でも、み
な頻度数の大きい items「品目」となります。また、行方不明に
なった犬・猫の話や、誰かに見つけられて所有者の家に戻ること
ができた犬や猫の話は、町の新聞の中心話題です。もし安藤が、
a found purse の代わりに、a found item, a found dog, a found treasure
を用いて、found が限定形容詞として使用可能かの英語母語話者
チェックをしていたら、「*a found purse が不適格なのは、一時的
状態を表わす形容詞が限定形容詞として用いられているからであ
る」というような、著名で博学な安藤にはふさわしくない間違っ
た主張をしないですんだことでしょう。

● 結び

　本章ではまず、Quirk et al.（1985）が、限定用法の形容詞は、
概して恒常的状態を表わし、一方、叙述用法の形容詞は、恒常的
状態と一時的状態のいずれをも表わすことができると述べている
のに対し、安藤（2005）は、限定用法の形容詞に関しては、

Quirk et al. と同様ですが、叙述用法の形容詞は、通例、一時的状態を表わすと述べていることを観察しました。そして、（3b）（以下に再録）の叙述用法には2つの解釈があること、また（7）（以下に再録）のデフォルト解釈は恒常的解釈であることを示し、安藤の主張が妥当でないことを示しました。

(3) b. He's **unhappy**.（叙述用法の形容詞）
    b₁. 恒常的解釈「彼は、常に不満感を持っている。」
    b₂. 一時的解釈「彼は、今（何かについて）不満感を持っている。」

(7)   He's {courteous, timid, kind, hardworking, shy, quick}.

次に、安藤（2005）が次の（14a）は適格なのに、（14b）が不適格なのは、「失くした」という状態は、見つかるまで続く永続的状態を表わすが、「見つかった」という状態は瞬時に終わるので、found を限定用法で使うことができないと説明していることを見ました。

(14) a. a **lost** purse（失くした財布）
     b. *a **found** purse（見つかった財布）（*は安藤のマーキング）

しかし私たちは、(i)「見つける」（find）という動作は瞬時に終わるものの、「見つかった」（found）という状態は永続的であることを指摘し（例文（5a-f）を参照）、(ii) 私たちの母語話者コンサルタントは、（14b）は（14a）と比べれば頻度数が低いものの、（14b）を適格と判断すること、(iii)（8a-d）,（9a-d）,（11b）,（12b）,（13b）のような実例（その一部を以下に再録）があること、を示し、安藤の主張が妥当でないことを明らかにしました。

（8） a. The **Found** Treasures, a fantasy fiction | Fiction Press
（9） a. Letter: A lost purse, a **found** purse & the cookie lady strikes back.
（15） a **found** item / a **found** animal / a **found** treasure
（=11b/12b/13b）

そして、a found purse が a lost purse に比べ、グーグル頻度数が極小なのは、

(ⅰ) 個人のレベルでは、財布を失くして、それが見つかったとき、それを「見つかった財布」というレッテルをつけて呼ぶことはほとんどない、

(ⅱ) purse は、treasure などと異なり、一般大衆の関心の的となるものではない、

(ⅲ) purse は、あまりにも小さい範疇名であること、

に起因していることを示しました。

名詞を修飾する形容詞の語順

第4章

● a pink nice dress か、a nice pink dress か？

　日本語では、「ピンクの素敵なドレス」とでも、「素敵なピンクのドレス」とでも言えます。ところが、英語の母語話者に尋ねると、例外なく誰もが、a nice pink dress は適格表現だけれども、a pink nice dress は、まったく不適格な表現だと言います。同様、日本語では、「大きい赤い風船」とでも、「赤い大きい風船」とでも言えますが、英語の母語話者に尋ねると、誰もが、a big red balloon は適格表現だけれども、a red big balloon は、不適格表現だと答えます。

　Forsyth（2013: 45）は、名詞を修飾する形容詞の語順を次の（1）のように規定し、その語順を（2）で例示しています。

（1）　opinion – size – age – shape – 　colour – origin – material – purpose – Noun
　　　　｜　　　｜　　｜　　　｜　　　　　｜　　　｜　　　　｜　　　　｜　　　｜
（2）　a lovely　little　old　rectangular　green　French　silver　　whittling　knife

（2）の whittling は、whittle（「（木など）をナイフで少しずつ削る」）の現在分詞形です。Forsyth は、この語順を母語話者なら誰でも無意識のうちに守っている、犯すべからざる語順であるものの、誰も上のような語順規則として述べることはできないものと性格づけています。この本は学術書ではなく、一般読者を対象とした啓蒙書で、この語順制約の出典は示されていませんが、主な出典

は、Coe（1980）と推察されます（【付記1】参照）。

この Forsyth の本に、「指輪物語（*The Lord of the Rings*）」で有名なトールキン（J.R.R.Tolkin）についての面白い逸話が書かれています。トールキンが7歳のとき、a green great giant についての物語を書いてお母さんに見せたそうです。ところがお母さんは、「a green great giant は、絶対に間違いだ、a great green giant でなければならない」と、トールキンを叱ったという話です。お母さんは、トールキン少年に、size, colour を表わす形容詞が名詞を修飾する場合には、size – colour の語順でなければならない（(1) 参照）ことを教えようとしたわけです。トールキン少年は、お母さんの叱責に落胆して、それから数年、再び筆をとらなかったという話です（【付記2】参照）。

● 英文法書の形容詞語順に関する記述

英文法書は、名詞を修飾する形容詞の語順に関してどのような記述をしているのでしょうか。定評高い Quirk et al.(1985: 1341) に、次の記述があります。

(3) Modifiers relating to properties which are (relatively) inher-

ent in the head of the noun phrase, visually observable, and objectively recognizable or assessible *will* tend to be placed nearer to the head and be preceded by modifiers concerned with what is relatively a matter of opinion, imposed on the head by the observer, not visually observed, and only subjectively assessible.

「名詞句の主要語が（比較的）本来的に持っている特質か、目で観察できるか、客観的に認識・評価できる特質を表わす修飾語は、主要語に近く現われ、観察者によって目で観察できず、主観的に主要語に帰せられた修飾語は、その前に現われる<u>傾向がある</u>。」

（下線は筆者）

　この制約によれば、「素敵なピンクのドレス」の pink は、主要語 dress が本来的に持っていて、目で観察できる特質なので、主要語 dress の近くに現われ、nice は話し手の主観的意見を表わすため、pink に先行して、nice - pink という語順になります。同様、「赤い大きい風船」の red は、問題の balloon が本来的に持っている特質であるのに対して、big は観察者の主観的判断なので、語順は、big - red となります。Quirk et al. が彼らの形容詞語順制約を、犯すべからざる制約ではなく、単に「傾向」と性格付けしていることに注目してください。

　安藤（2005: 481）は、名詞を修飾する形容詞の語順を次の（4）のように規定し、その語順を（5）で例示しています。

（4）　評価－寸法－年令・温度－形状－色彩－分詞－出所－材料－（動）名詞－主要語
　　　　｜　　｜　　　　｜　　　　｜　　　｜　　　｜　　　｜　　　｜　　　　　　｜　　　　｜
（5）　nice　big　　　old　　　round　red　carved French wooden　　card　　tables

そして、「形容詞は、主要語と関係の深い、特殊なものほどその近くに置かれ、意味が一般的になるにつれて主要語から離れていく傾向がある」と述べています。安藤は、この語順制約の出典として、Coe（1980: 59）, Hornby（1954: 174）, Quirk et al.（1972: 925）を参考にしたと記しています。（（4）と（5）は、【付記１】で述べた Coe（1980: 59）の提示する形容詞語順（i）とその例示（ii）と同じです。）

● 形容詞語順制約とコーパス頻度数の相関関係（１）

なぜ Quirk et al.（1985）と安藤（2005）が、彼らの形容詞語順制約を犯すべからざる制約ではなく、「傾向」だと言わざるを得なかったかを考察する前に、名詞を修飾する２つの形容詞の順序 $ADJ_1 - ADJ_2$, $ADJ_2 - ADJ_1$（ADJ は、adjective（形容詞）の略）の適格性と現代アメリカ英語約５億語の統計コーパス COCA の頻度数に、密接な相関関係があることを示しておきましょう（【付記３】参照）。

(6) 評価＞寸法（（4）を参照）

  a. nice big / *big nice（chairs）   161/1

  b. handsome tall / *tall handsome（boy） 372/7

  c. lovely large / *large lovely（eyes） 5/0

(7) 寸法＞年令（（4）を参照）

  a. big old / *old big（houses）   701/35

  b. huge new / *new huge（challenge） 193/4

  c. tiny young / *young tiny（bugs） 5/0

(8) 年令＞色彩（（4）を参照）

  a. old red / *red old（bridges）   175/1

b. old green / *green old（houses） 91/4

c. new pink / *pink new（daisies） 30/1

（6a）では、nice big（評価＞寸法）の COCA 頻度数が 161 で、その逆の順序の big nice の頻度数 1 を圧倒的に上回っています。この頻度数の圧倒的な差が、nice big は適格表現、big nice は不適格表現、という母語話者の判断と相関します。（6b, c）も、同様です。（7a）では、big old（寸法＞年令）の COCA 頻度数 701 が、その逆の順序の old big の頻度数 35 をこれも圧倒的に上回っています。（7b, c）も同様です。さらに（8a）では、old red（年令＞色彩）の COCA 頻度数が 175 で、その逆の順序の red old の頻度数 1 を圧倒的に上回っています。この頻度数の差が、red old は不適格という母語話者の適格性判断と相関しています。（8b, c）も同様です。

　このように、名詞を修飾する 2 つの形容詞の語順が、（4）の「評価＞寸法＞年令・温度＞形状＞色彩」の語順制約に従っている場合の COCA 頻度数が、その逆の場合より圧倒的に大きいケースが大部分ですから、この語順制約は基本的に正しいものと考えざるを得ませんが、その逆のケースもあるのです。たとえば、bad big と big bad の COCA 頻度数を見てください。

（9）　　*bad big / √big bad　　　　　　　　　　0/262

「評価＞寸法」の語順制約に従っている bad big が不適格で、その COCA 頻度数がゼロ、「評価＞寸法」に違反する big bad（wolf）が適格で、COCA の頻度数が 262 です【付記 4】参照）。それは、大ヒットを収めた Disney 短編映画 Three Little Pigs（1933）に起因している、と考える人がいるかもしれませんが、この映画の主

人公のオオカミを Big Bad Wolf と命名したのは、映画がヒットする前のことで、そのときすでに、big bad は適格、bad big は不適格という判断があったことと想像されます(【付記5】参照)。

● Big と little では異なる語順特性を示す

Mark Lieberman はインターネット掲載の Big bad modifier order (September 4, 2016) に、COCA 頻度数を引用して、同じ「寸法」を表わす形容詞でも、big と little では、異なった語順特性を示すことを指摘しています(【付記6】参照)。

(10) a.　ugly big / big ugly　　　　　　　　　　　4/69
　　 b.　ugly little / little ugly(child)　　　　　116/25

Lieberman は、明言はしていませんが、big と ugly の場合は *ugly big / big ugly で、「評価＞寸法」に違反の語順が適格で、little と ugly の場合は、ugly little / *little ugly で、「評価＞寸法」に従った語順が適格と主張しています。私たちの英語母語話者コンサルタントも、この適格性判断に同意しています。Lieberman の投稿数分後に、別の投稿者から、「私は英語の母語話者ですが、あなた

（Lieberman）の big ugly と ugly little との対比は、まったくその通りだと思います。この対比を説明する理論はあるのでしょうか」と言う主旨の投稿が届いています。これに対して Lieberman は、「私の知る限り、この素晴らしい質問に対する本当に説得的な答えはありません」と答えています。

（9）-（10）で例示したような、形容詞語順制約に違反して、なおかつ適格な表現が存在する事実が、Quirk et al.（1985）や安藤（2005）が、名詞を修飾する形容詞語順制約が犯すべからざる制約ではなくて、形容詞語順の「傾向」である、と主張している所以です。

● 形容詞語順制約とコーパス頻度数の相関関係（２）

（6）-（10）では、名詞を修飾する 2 つの形容詞の連続 ADJ_1 - ADJ_2、ADJ_2 - ADJ_1 の COCA 頻度数の 1 つが、逆の語順の頻度数より圧倒的に大きいときには、語順制約に従っているか否かにかかわらず、その語順が適格、その逆の語順が不適格であることを示しました。2 つの頻度数が近似しているときはどうでしょうか。Big と beautiful の連続を考えてみましょう。Lieberman は次の COCA 頻度数を示して、明言はしていませんが、どちらの語順も適格と言っているようです。

（11）　beautiful big / big beautiful　　　　　　16/43

しかし、この頻度数の違いは、これまでに見てきた 161 / 1, 193/4 などとは大違いで、2 つの数値がかなり接近しています。しかも、頻度数の少ない方の beautiful big は、「評価＞寸法」語順制約を満たしています。この 2 つの形容詞連続に対する私たちの母語話

者コンサルタントの適格性判断も、「beautiful big も big beautiful もともに適格であるけれども、big beautiful の方がベター」というものです。頻度数が接近していて、頻度数が少ない方が形容詞語順制約を満たしている場合には、両方の語順が適格となり、頻度数が語順制約よりやや優先して、頻度数のやや多い語順がベターと判断されるということだと思われます。これで、COCA 頻度数と適格性との相関関係が、単に問題の形容詞連続が適格か不適格かということだけでなく、どの程度適格かも示すニュアンスのあるものであることが分かります。

　他方、large, new の次の例を見てください。

（12）a.　large new dams / *new large dams
　　　b.　large new / new large　　　　　　　132/37

large new と new large の頻度数値 132 / 37 はかなり接近していますが、頻度数の少ない方の new large は、「寸法＞年令」に違反するものです。この場合、new large は頻度数からも、語順制約からも、勝ち目がなく、不適格と判断されることになります。

　(6) - (12) で、名詞を修飾する 2 つの形容詞連続の順序と、その形容詞連続の適格性との間に密接な相関関係があることを見てきました。母語話者でない私たちが、英文の手紙や論文を書いたりするとき、2 つの形容詞を並べて名詞の前に置きたいときには、その 2 通りの語順連続の COCA 頻度数を調べて、頻度数の大きい方の語順を使えば、まず間違いない正しい語順ということになります。とは言うものの、COCA を利用できる読者は数少ないことと思います。それでは、COCA の頻度数の代わりに、グーグルの頻度数が使えないでしょうか。残念ながら、その答えは、ノーです。COCA の 5 億単語を超えるコーパスには、重複がありませ

ん。他方、グーグルのサーチデータベースは、大きさから言えば、COCA の何万倍、あるいは何十万倍もあるものと想像できますが、重複が山ほどあるデータベースです。たとえば、マクドナルドが新商品 Big Mac を宣伝し始めれば、同じ宣伝文句がインターネットをうずめ、それをほめる人、けなす人の文句が引用され、その引用が引用されたりして、new big の頻度数が上がることになります。筆者の小規模なテストによれば、グーグル検索を米国に限ったとしても、約 50 パーセントは、COCA とは逆の語順の頻度数が優勢語順として出てきてしまいます。ですから、グーグル頻度数は、2つの形容詞のどちらを先行させるべきかを決める助けにはなりません。

● red small の語順と「熟語性」

（13a, b）の orange and blue は、「オレンジ色と青色の」の意味を意図したものです。英語母語話者は、（13a）を適格表現、（13b）を不適格表現と判断します。

（13）a.　a big orange and blue balloon

　　　b. *an orange and blue big balloon

（13a）は、「寸法＞色彩」語順制約に従った形容詞語順、（13b）はそれに違反した形容詞語順の表現です。ところが、同じ母語話者が、不適格なはずの語順を含んだ次の文を適格と判断します。

（14）　Before the traveling circus leaves town and heads to its next **orange and blue big** top, Meyer thanks his audience, to a standing ovation, and ...（*USA Today* May 11, 2015）

「巡業サーカス団が街を去って次のオレンジ色と青色の
　　　大テントに向かう前に、マイヤーは観衆の総立ちの拍
　　　手に感謝して ... 」

これはなぜでしょうか。それは、big top が、巡業サーカス団の「大
テント」を意味する熟語だからです。つまり、orange and blue と
big は、同じレベルの並列された形容詞連続ではなくて、[orange
and blue [big top]] という構造を持っています。そのため、big と
top の間に色彩語の orange and blue を挿入することができないた
め、[orange and blue [big top]] の語順は、話し手の選択ではなく、
必然的に出てきた語順です。よって、この語順違反にはペナル
ティーがなく、この文が適格となるわけです。
　同様、次の文を見てください。話し手が夢で見たことを聞き手
に話している談話です。

（15）　This planet had its own five small moons. Three of these
　　　small moons were red and two were purplish. The **red small**
　　　moons were closer to the planet than the purple ones.

上の談話の 3 番目の文は、red small という形容詞連続を含んでお
り、この語順は、「寸法＞色彩」語順制約に違反しています。red,
small 連続の COCA 頻度数は次の通りです。

（16）　small red / red small　　　　　　　　537/1

頻度数の圧倒的な差から言って、「色彩＞寸法」の語順になって
いる red small は、不適格なはずです。実際、母語話者は、red
small balloons, red small flowers などの表現を不適格と判断します。

それにもかかわらず、母語話者は談話（15）をまったく問題のない適格な会話と判断します。それはなぜでしょうか。それは、天文学用語に、[small moons]（小衛星）がすでに存在しているからだと思われます。換言すれば、（15）の red small という形容詞語順は、話し手の選択によって決められた語順ではなくて、[small moons] の熟語性によって、[red [small moons]] でなければならなかったもの、ということになります。

　ここで、（15）の冒頭にこの談話が small moons のことであることが示されているので、先行文脈で導入されている［ADJ＋主要語］表現は、熟語扱い、と言えばことすむのではないかという意見が出るかもしれません。しかし、次の（17）に示す談話は、その代案が維持できないことを示しています。

（17）a.　Mary had two hanging racks – one for casual dresses and the other for **good dresses**. *She pulled out a **purple good dress** to wear to the party...

　　　b.　At the fair, the boy saw a balloon man selling **big balloons** for 50 cents and small ones for 25 cents. *He bought a **red big balloon** and a blue small one...

　　　c.　To begin with, there were ten **big balloons**, and six small balloons. Six of the **big balloons** were red, and four of them were green. *Then, one **red big balloon** flew away...

（17a-c）の最後の文は、すべて不適格です。それは、good dress, big balloon が、先行文脈では導入されているものの、熟語としてすでに存在しているわけではないからです。

　（17）では、good dress, big balloon が冒頭の文で、登場してはいますが、まだ、談話のトピック（主題）として確立されていま

せん。それでは、トピックとして確立された表現は、熟語扱い、と言う代案が維持できるでしょうか。次の文章を見てみましょう。

(18) A Little Boy and His Two Big Balloons
A little boy was walking towards a fair ground. He saw a balloon man selling big balloons – bigger than any balloons he had ever seen before. He bought two of them – one red and the other green. He started walking holding these two big balloons, one in each hand. A girl in his class came running to him, and said, "Can you let me hold one of your big balloons?" He asked which one, and the girl said "the green one." They started walking together, *the girl holding the **green big** balloon, and the boy, the red one...

(18) では、冒頭のタイトルとそれに続く4つの文で、big balloon がこの物語のトピックであることが確立されています。それにもかかわらず、最後の文に現われる the green big balloon は<u>不適格表現</u>と判断されます。したがって、COCA 頻度数の圧倒的劣勢によって不適格なはずの ADJ$_1$ – ADJ$_2$ 形容詞連続は、ADJ$_2$ が後続する名詞とともに<u>既存の熟語</u>を形成しない限り、不適格と判断される、ということになります。

● 同じカテゴリーに属する２つの形容詞の語順制約

名詞を修飾する形容詞連続についての Coe (1980), Quirk et al.(1985)、安藤 (2005)、Forsyth (2013) らの語順制約は、同じカテゴリーに属する2つの形容詞の語順制約については、まったく無力です。たとえば、tall と wide はともに「寸法」カテゴリー

第4章 名詞を修飾する形容詞の語順 83

に属する形容詞ですが、この2つの形容詞は、tall wide, wide tall の両方を適格とするのでしょうか。この問題に関して、Cooper and Ross（1975）に大変興味深い考察があります。この論文は、次の例を用いて、寸法を表わす2つの形容詞 （tall, narrow），（short, fat），（tall, skinny），（high thin）の間に語順制約があることを示しています。

(19) a. a tall narrow aperture / *a narrow tall aperture ［aperture：穴、すき間］

b. a short fat baker / *a fat short baker ［baker：パンを焼く人、パン職人］

c. a tall, skinny Sumo wrestler / *a skinny, tall Sumo wrestler ［skinny：痩せこけた］

d. a high thin scream / *a thin high scream

Cooper and Ross は、凍結句（freezes）（確定した語順で用いられる慣用句）に現われる2要素の語順が、一般語順制約を示唆することが多いものと考えます。たとえば、(20a) のような凍結句から (20b) の語順制約を導いています。

(20) a. up and down; peak and valley; rise and fall; over and under; upstairs and downstairs; high and low; above and below; top and bottom; upper and lower

b. **Up 対 Down 制約**：up を指す表現が、down を指す表現に先行する

したがって、次のような慣用表現に見られる語順も、(20b) の Up 対 Down 語順制約により説明できます。

(21) head and shoulders; nose and throat; hands and feet; fingers and toes; arms and legs; head to toe; tooth and nail; skull and bones

頭は肩より上にあり、鼻は喉より上にあり、手は足より上にあるので、(21) のような語順になります。他の表現も同じです。

Cooper and Ross はさらに、(22a-d) を示して、「Vertical（上下）」を表わす表現と「Horizontal（左右）」を表わす表現が等置されるとき、(23) の制約があることを導いています。

(22) a. top right corner / *right top corner
 b. height and width / *width and height
 c. downright / *rightdown
 d. high, wide and handsome / *wide, high and handsome
(23) **Vertical 対 Horizontal 制約**：Vertical 表現が Horizontal 表現に先行しなければならない

(22a) では、top が上下を表わす形容詞、right が左右を表わす形容詞なので、top right が正しく、right top は不適格というわけです。(22b-d) も同様です。そして、Cooper and Ross は、(19a-d) のそれぞれ左側の表現が適格で、右側の表現が不適格であることを、

（23）の語順制約に起因させます。たとえば、（19a）の tall と narrow だと、tall が上下を表わす形容詞、narrow が左右を表わす形容詞なので、tall narrow となり、その逆の順序、*narrow tall は許されないというわけです。(19b-d)でも同様のことが言えます。Quirk et al.(1985), Coe（1980）, 安藤（2005）、Forsyth（2013）などとはまったく異なった次元で、極めて興味深い考察だと思います。

● 結び

　本章では、1つの名詞を修飾する形容詞が2つ（以上）ある場合に、どのような順序で形容詞が配列されるかを考察しました。そして、Quirk et al.(1972, 1985), Coe（1980）, 安藤（2005）、Forsyth（2013）等は、次のような類似した形容詞語順の規定をしていることを観察しました。

（1）　opinion – size – age – shape – 　colour – origin – material – purpose – Noun
（4）　評価―寸法―年令・温度―形状―色彩―分詞―出所―材料―（動）名詞―主要語

そして、この語順制約は、(6)–(8) に示した統計コーパス COCA の頻度数からも裏づけられ、基本的に正しいものと考えられることを示しました。

　しかし、私たちは同時に、たとえば

（i）　「評価＞寸法」語順に違反する big bad（wolf）が適格であること、
（ii）　big と little は同じ「寸法」を表わす形容詞であるにもかかわらず、*ugly big / √big ugly, √ugly little / *little ugly のよ

うに、big の場合は「評価＞寸法」に違反の語順が適格で
あり、little の場合は「評価＞寸法」に従う語順が適格で、
両者が異なる語順特性を示すこと、

（iii）beautiful big と big beautiful は、ともに適格であること、

などを示し、(1), (4) の語順制約は、犯すべからざる制約では
なく、「傾向」として捉える必要があることを明らかにしました。

　また、red small moons のような例では、red small の語順が、「寸
法＞色彩」語順に違反しているにもかかわらず、まったく適格な
のは、[small moons]（小衛星）の熟語性によって、red が [small
moons] 全体を修飾するため、この語順でなければならないこと
を示しました。

　さらに、tall と wide のように、同じカテゴリー（寸法）に属す
る形容詞の語順について Cooper and Ross（1975）の考察に言及し、
tall と wide では、上下を表わす形容詞の tall が、左右を表わす形
容詞の wide に先行しなければならないことも説明しました。

She's certain/sure to win. は誰の判断を表わすか？

第5章

● 英和辞典の用語説明

　本章のタイトルの英文について、『ジーニアス英和辞典』（初版 1988, 改定版初版 1994, 改定版5版 1998, 第5版 2014）の be certain to, be sure to の項に次の主旨の記述があります。タイトルの疑問文の答えに当たる箇所に下線を入れます。

(1)　certain [be *certain* to do] ＜人・物・事は＞間違いなく…する、＜人・物・事が＞…するのは疑いがない《<u>確信している人は話し手</u>》|| He is *certain* to win. = It is *certain* that he will win. 彼は必ず勝つ（と私は思います）（= He will *certainly* win. = I am *certain* of his winning.）/ This medicine is *certain* to work on you. この薬はきっとあなたに効きます

(2)　sure [<u>話し手の確信を表わして</u>] [be *sure* to do] ＜人・物が＞きっと［必ず］…する || It's *sure* to rain this afternoon. 午後にはきっと雨が降る / She is *sure* to succeed. 彼女はきっと成功する（= I am *sure* that she will succeed.）《<u>成功することを確信している主体は she ではなく、この文の話し手である「私」</u>》
　　（【付記1】参照）

　文法書と異なり、辞書はごく限られたスペースで用語の説明を

しなければならないことを考えると、学習英和辞典『ジーニアス英和辞典』の be certain to, be sure to の上記の記述には感服せざるを得ません（【付記2】参照）。

『研究社新英和大辞典』（第6版、2002）の certain, sure のエントリーには、be certain/sure to の登録さえありません。私たちの知る限り、英英辞典に、be certain/sure to の判断の主体がこの構文の主語ではなくて話し手であることを指摘しているものはありません。（OED には、be sure/certain to の登録もありません。*The Oxford American Dictionary*（2001）も同様です。）また、権威があることで定評の Quirk et al.(1972, 1985) や他の英語で書かれた文法書にも、この記述が見つかりません（【付記3】参照）。

上記のように、『ジーニアス英和辞典』の be certain to, be sure to についての記述は、類を見ない素晴らしいものですが、本書の読者には、さらに詳細な説明を提供したいと思い、本章で補足説明を以下に列記します。

● 疑問文の主動詞 be certain/sure to は<u>聞き手</u>の判断を尋ねる

Be certain/sure to が疑問文の主動詞として用いられるときには、

第5章　She's certain/sure to win. は誰の判断を表わすか？　89

判断の主体は話し手ではなく、聞き手になります。次の文を見て
ください。

(3)　Is Mary certain/sure to win the election?（= Are **you** certain/
sure that Mary will win the election?）

(3) はメアリーが選挙に勝つ蓋然性が高いかどうかについての<u>聞
き手</u>の判断を尋ねる文です。同様に (4) も、メアリーが選挙に
勝つ蓋然性についての<u>聞き手</u>の判断を尋ねる文です。

(4)　Are you certain/sure to win the election?

これは、(5a) が話し手の判断を表わしているのに対して、(5b)
が聞き手の判断を尋ねる疑問文であることと同じ現象です。

(5)　a.　It is certain that John will win the election.
　　　b.　Is it certain that John will win the election?

● 命令文の主動詞 be certain/sure to は、不定詞句が表わす事象が成就するという判断を<u>聞き手</u>が確認することを命令する

次の命令文を見てください。

(6)　Be sure to lock the door when you leave.

命令文の主動詞 be certain/sure の意味上の主語は you ですから、
(6) が「ドアに鍵がかかっているという<u>あなたの判断</u>を確認しな

さい」という解釈になり、be certain/sure to が聞き手の判断を表わすことになります。

● be certain/sure to の主語が一人称代名詞 I, We のときは話し手 = 主語の判断

Be certain/sure to の主語が一人称代名詞 I, we のときは、当然のことながら、確信している主体は、話し手 = 主語になります。次の文を見てください。

(7)　I am certain/sure to succeed. (= I am certain/sure that I will succeed.)

ですから、be certain/sure to は、主語の確信を表わしているのではない、という主張は、その主語としての役割と、その文全体の話し手としての役割という二役を兼ねているケースも頭に入れて解釈されるべきです。

● 間接話法文の中の be certain/sure to

(8) の間接話法文を見てください。

(8)　a.　John$_i$ told Mary that he$_i$ was certain/sure to win. (John と he は同一人物)

　　b.　John$_i$ told Mary that he$_j$ was certain/sure to win. (John と he は別人物、たとえば Bill)

第5章　She's certain/sure to win. は誰の判断を表わすか？　91

(8a) は、that 節の代名詞主語 he が主文の主語 John を指す場合（両者に同じ指標 (i) をつけて示す）、(8b) は、he が John とは異なる別の人を指す場合（両者に異なる指標 (i と j) をつけて示す）です。(8a, b) の直接話法は、それぞれ (9a, b) に示す通りです。

(9)　a.　John said to Mary, "**I** am certain/sure to win."

　　b.　John said to Mary, "**He** is certain/sure to win."

(9a) の引用節 "**I** am certain/sure to win." は、(7) と同じなので、前節の記述の通り、引用節話者＝引用節主語＝John$_i$ の判断を表わしていることになります。(8b) の場合も、(9b) に示したように、引用節の話者は、引用節の主語 he（たとえば Bill）ではなく、主節の John なので、引用節 "**He**（たとえば Bill）is certain/sure to win." は、引用節の話者 John の判断を表わしていることになります。

● 自由間接話法文の主動詞の be certain/sure to

読者の皆さんは、「話法」に直接話法と間接話法だけでなく、「自由間接話法」（Free Indirect Speech）と呼ばれる話法があることをご存知でしょうか。これは、主語の指示対象の内部感情を、He thought that ..., He felt that ... のような「枠」を用いないで提出する話法です。例を示しましょう。(10) の文に、それぞれ A, B, C の文が続きます。

(10) John was debating with himself what he should do next.

　　A:　直接話法

　　　　He asked himself, "Should I run for election?"

B: 間接話法

He asked himself whether or not he should run for election.

C: 自由間接話法

Should **he** run for election?

ジョンの内部感情が "Should **I** run for election?"（「私は選挙に出馬すべきだろうか？」）であるとすれば、直接話法では、それが、He asked himself, " " という枠の中で現われます。また、間接話法では、それが He asked himself whether（or not）という枠に先行されて現われます。Whether 節の主語は、直接話法の主語 "I" ではなくて、主文の主語と一致する "he" となります。他方、自由間接話法では、ジョンの内部感情が、枠なしの疑問文、「自由」な疑問文として現われますが、内部感情の主体は、直接話法の "I" ではなくて、間接話法の whether 節の主語と同じように "he" として現われているという点で、「間接話法的」です。これが、この話法を「自由間接話法」と呼ぶ所以です（【付記４】参照）。

３種類の話法

(10) John was debating with himself what he should do next.

直接話法

間接話法

自由間接話法

ここで、自由間接話法の実例を示しておきましょう。

第5章 She's certain/sure to win. は誰の判断を表わすか？ 93

(11) She had wondered what she would do if he approached the
house. **He was sure to notice the new padlock on the barn**.
(COCA)
「彼女は、かねてから、もし彼が家に近づいてきたら、
どうしようかと思いをめぐらしていた。彼が納屋の新
しい南京錠に気がつくことは確かだった。」

"He was sure to notice the new padlock on the barn" は、その前の文
の主語「彼女」の内部感情を "she thought/knew" のような「枠」
なしで提出する自由間接話法文です。「確かだった」という判断
の主体は、言うまでもなく、この内部感情の主体「彼女」です。
同様、次の C.V. Jamison, "Lady Jane" (1999) からの一節を見て
ください。

(12) Presently, a merry group of children passed, and she heard
them talking of Christmas. "Tomorrow Is Christmas, this is
Christmas Eve, and we are going to have a Christmas tree."
Her heart gave a great throb of joy. **By tomorrow, she was
sure to find Pepsie**, **and Pepsie had promised her a Christ-
mas tree long ago, and she wouldn't forget**; ...
「やがて、陽気な子供たちの一群が通り過ぎ、子供たち
がクリスマスの話をしているのが聞こえた。『明日はク
リスマス、今日はクリスマス・イブ、クリスマス・ツリー
を飾りましょう。』彼女の心臓は、喜びで大きく鼓動し
た。きっとペプシーが明日までに来てくれるわ。ペプ
シーは、ずっと前に、クリスマス・ツリーをくれると
約束したもの、忘れるはずはないわ。」

（12）の太字で示した "By tomorrow, she was sure to find Pepsie, ... で始まる文連続は、先行文の主題 she「彼女」の内部感情 "I am sure to find Pepsie ..." を表わしていますが、"She thought/knew that" などの枠が付いていませんから、自由間接話法文です。この文連続の最初の文 "By tomorrow, she was sure to find Pepsie" も、彼女が「明日までにペプシーを見つけ出す（つまり、ペプシーが来てくれる）」ことが確かだという彼女の判断を表わしています。

　自由間接話法文には、通常の独立文には現われない表現が現われれます。たとえば、不定詞句を主語とする（13）の構文を見てください。

（13）a.　It will be easy to prepare **myself** for the exam.

　　　b.　Will it be easy to prepare **yourself** for the exam?

　　　c. *It will be easy to prepare **herself** for the exam.

これらの文には、再帰代名詞の先行詞（I, you, she 等）がありません。（13a, b）は適格文ですが、（13c）は不適格文です。この事実から、先行詞のない再帰代名詞を目的語とする不定名詞句主語文は、再帰代名詞が一人称か二人称なら適格、三人称なら不適格という制約を立てることができます。

　ところが、（14）に例示するように、自由間接話法の談話では、（13c）のパターンの文が適格文となります。

（14）　Mary was debating with herself what she should do next.
　　　　Was it going to be easy to prepare <u>herself</u> for the election?

（14）の太字で示した文は、自由間接話法文です。念のため、この文の派生過程を（15）に示しておきます。

第5章　She's certain/sure to win. は誰の判断を表わすか？　95

(15) Mary was debating with herself what she should do next.

A: 直接話法

She asked herself, "Is it going to be easy to prepare **myself** for the election?"

B: 間接話法

She asked herself whether or not it was going to be easy to prepare **herself** for the election.

C: 自由間接話法

Was it going to be easy to prepare **herself** for the election?

(15C) は、直接話法の「枠」She asked herself を除き、引用文に間接話法的な時制の一致（is → was）と、再帰代名詞の人称の一致（myself → herself）を適用してできた自由間接話法文です。ここに、独立文としては不適格だった（13c）パターンの文が適格文として現われます。その理由は、自由間接話法文が、直接話法の引用文の性格を持っているからです。

さて、(10) の談話をもう少し発展させてみましょう。

(16) John was debating with himself what he should do next.

A: 直接話法

He asked himself, "Should I run for election?" He thought, "If I run, I am certain/sure to win."

B: 間接話法

He asked himself whether or not he should run for election. He thought that if he ran, he was certain/sure to win.

C: 自由間接話法

Should he run for election? If he ran, **he was certain/sure to win**.

（16A）の直接話法表記は、say や tell のような発話動詞だけでなく、think, expect, hope などのように、主語指示対象の内部感情を表わす目的節をとる動詞も、直接引用節をとることができる、という私たちの仮説に基づいています。（16C）の he was certain/sure to win は、直接話法（16A）の引用節の自由間接話法化そのものですから、（7）（＝ I am certain/sure to succeed.）について説明した通り、話し手＝主語＝ he の判断を表わしていることになります。

　以上の説明で、『ジーニアス英和辞典』の be certain/sure to が主語の判断ではなく、話し手の判断を表わすという説明が、極めて深い意味を持っていることがお分かりになったことと思います。

● 結び

　本章では、be certain/sure to VP 構文に関して、以下のことを示しました。

（i）　She's certain/sure to win.
　　　勝つことを確信している人は、主語の she ではなく、この文の話し手である。

（ii）　Is she certain/sure to win?
　　　疑問文になると、彼女が勝つ蓋然性が高いかどうかについて、話し手が聞き手の判断を求める文となる。

（iii）　Be sure to lock the door when you leave.
　　　命令文になると、「出かけるときドアに鍵がかかっていることを確認しなさい」という聞き手の確認を命令する文となる。

（iv）　I am certain/sure to succeed.

主語が I なので、確信している主体は、話し手 = 主語 である。

(v) John told Mary that he was certain/sure to win.

直接話法にすると、John said to Mary, "I am certain/sure to win." なので、勝つことを確信しているのは、引用節の話し手 = 引用節の主語 = John となる。

(vi) She had wondered what she would do if he approached the house. **He was sure to notice the new padlock on the barn**.

第 2 文は自由間接話法で、ここで「彼が納屋の新しい南京錠に気がつくことは確かだった」と確信しているのは、この内部感情の主体である she「彼女」である。

(vii) Mary was debating with herself what she should do next. **Was it going to be easy to prepare <u>herself</u> for the election?**

第 2 文は自由間接話法で、この文中には再帰代名詞 herself の先行詞がないが、適格である。その理由は、この自由間接話法文が直接話法の引用文の性格（つまり、She asked herself, "Is it going to be easy to prepare **myself** for the election?）を持っており、人称の一致のため、myself が herself になったからである。

(viii) John was debating with himself what he should do next. Should he run for election? If he ran, **he was certain/sure to win.**

第 2、3 文は自由間接話法で、第 3 文の he was certain/sure to win. は、直接話法（= He thought, "If I run, I am certain/sure to win."）の引用節を自由間接話法化したものであり、選挙で勝つのを確信しているのは、話し手 = 主語 = he である。

Is the glass half-full or half-empty?

◆ 上記タイトルの疑問文にすでにお馴染みの読者もおられることでしょう。グラスに半分のワインが入っているのを見せると、楽観主義者は half-full と答え、悲観主義者は half-empty と答えることから、「肯定的世界観を持て」という新入社員動機づけの訓示に使われたり、家族や親戚などの集まりで、誰が楽観主義者で誰が悲観主義者かを判断するリトマス試験紙に使われたりする表現です。

インターネットに、この疑問文にまつわるアフォリズム（金言、格言、警句）を数多く集めたサイト（"glass half-full or half-empty funny quotes", businessballs.com）があります。そのうちから、面白いものをいくつか紹介します。

● The project manager says the glass is twice as big as it needs to be.「（経費節減指向の）プロジェクト・マネー

ジャーは、グラスが必要な大きさの2倍もあると言う。」

● The realist says the glass contains half the required amount of liquid for it to overflow. 「現実主義者は、グラスに、溢れるのに必要な量の液体が半分ある、と言う。」

● And the cynic... wonders who drank the other half. 「皮肉屋は、… 誰が半分飲んだのか、と思いをめぐらす。」

● Anyway... Attitude is not about whether the glass is half full or half empty, it's about who is paying for the next round. 「いずれにせよ…とるべき態度は、グラスが half-full か half-empty かではなくて、誰が次の注文のお金を払うかである。」

● The activist stages a protest either way. 「活動家はいずれにせよ、抗議を企てる。」

● Certain whaling nations say they will drink from the glass for scientific research purposes only. 「ある捕鯨国は、飲むのは、科学研究目的のためだけだと言う。」

● The physicist says that the glass is not empty at all - it is half-filled with water and half-filled with air - hence, fully filled on the whole! 「物理学者は、グラスに空のところなどどこにもない ─ それは、半分は水、半分は空気で満たされている ─ だから、グラス全体が満たされている、と言う。」

● The optimist says: "The glass is half-full." The pessimist says: "The glass is half-empty". And while they are arguing, the pragmatist takes the glass and drinks it. 「楽観主義者は、The glass is half-full と言い、悲観主義者は、The glass is half-empty と言う。二人が議論を交わしている間に、実用主義者は、グラスを手にして、中身を飲んでしまう。」

● The opportunist says, "Thanks, folks! While you were debating it, I drank it."「日和見主義者は、『皆さん、どうもありがとう。あなたたちが議論している間に、私は、中身を飲んでしまいました。』と言う。」

● The magician will show you the glass with the full half at the top.「魔術師は、その半分の水をグラスの上半分に持ち上げてみせる。」

● The police officer says: "I'll ask the questions."「警官は、『尋問は、こちらからだけだ』と言う。」

● The call-centre operator asks if you'd mind holding while she finds out for you.(Your call is important to them...)「コールセンター交換手は、『お客さまからのお電話は、私共に大切なのです。ご質問にお返事ができるまで、しばらくお待ちください。』と言う。」

● The IT support person asks if you've tried emptying the glass and then refilling it.「IT サポート・スタッフは、『まず最初にグラスを空にして、それから、それを一杯にしてみてくださいましたか。』と言う。」

● The nihilist breaks the glass.「虚無主義者は、グラスを割ってしまう。」

● The pragmatist says: I'd rather have a glass half-empty than no glass at all.「実用主義者は、何も飲めないよりは、half-empty なグラスがある方がありがたいと言う。」

● The Keynesian argues that the glass is half-empty, and that government needs to intervene to fill it up.「ケインズ学派の経済学者は、グラスは half-empty で、それを満杯にするため、政府が介入する必要がある、と言う。」

● The relativist says: Whether the glass is half-empty or

half-full depends on the perspective. Like beauty, volume is in the eye of the beholder. 「相対論者は、グラスが half-full か half-empty かは、パースペクティブ（見方）による、と言う。美と同じように、量は、見る人の目の中にある。」

● The sceptic says: I doubt both the existence of this glass and the validity of this question. 「懐疑論者は、『私は、このグラスの存在も、この質問の妥当性も疑う』と言う。」

● The Abbreviationist says: TGIHFAHE 「短縮主義者は、TGIHFAHE と言う。」（TGIHFAHE は、**The Glass Is Half Full And Half Empty** の頭文字連続。）

● The drunk says: Which one? 「酔っ払いは『どちらのグラスか？』と言う。」

● The Palindromist says: Half a glass ssalg a flah 「パリンドローム主義者は、Half a glass ssalg a flah と言う。」palindrome（パリンドローム）は左から読んでも右から読んでも同じになる表現（日本語では、「私負けましたわ」のような回文）。たとえば、インドのドラヴィダ語族の1つの言語名 Malayalam が、palindrome の一例です。ここで少し道草をして、英語の palindrome のさらなる例（インターネットから）を紹介しましょう。

Lonely Tylenol 「孤独なタイレノール」（Tylenol は頭痛薬の名前）

Dammit, I'm mad! 「ちくしょう。まったく頭にくる！」

Cigar? Toss it in a can. It is so tragic. 「葉巻？ごみ入れに捨てろ。まったく悲劇だ。」

Senile felines 「老いぼれの猫」

（ここまでの4例は、Regina-Phalange のインターネットサイトから）

Bird Rib「鳥のあばら骨」

Bombard a drab mob.「くだらない暴徒を爆撃せよ。」

To last, I remedy my demerits a lot.(Stephen Wagner)「長生きするために、私は私の短所をうんと矯正する。」

Tell a mate, "Go get a mallet!"(Stephen Wagner)「仲間に、木づちをとりに行けと言え。」

Lia, who is it? It is Ivan on a visit. It is I! Oh, wail!(Stan Takis)「Lia, 誰ですか？訪ねてきた Ivan だ。僕だよ。おー、泣けてくる！」

Stressed desserts「ストレスされたデザート」: desserts が stressed の逆スペリングなので、この表現が palindrome になります。Desserts のスペリングを忘れたら、このことを思い出してください。

上の句や文は、逆から読んでも、左から普通に読む場合と同じになりますね。読者の皆さんは、よくこれだけ考えられたものだと、感心されることと思います。

◆ "Is the glass half-full or half-empty?" について、インターネットに、この表現を楽観主義者対悲観主義者の解釈とはまったく異なった観点から考察している極めて面白い逸話が載っています。カスタマーサービスの専門家、講演者、New York Times のベストセラービジネス書の著者として著名なシェップ・ハイケン（Shep Hyken）が、子供のころからの友人マイケル・パックマン（Michael Packman）と自分たちの子供たちについて話し合っていたときに、パックマンから聞いた娘さんアマンダについての話です。パックマンは、アマンダ

が小さかったころ、彼女が楽観主義者タイプか悲観主義者タイプか知ろうと思って、半分しか水が入っていないグラスをアマンダに見せて、"Is the glass half-full or half-empty?" と尋ねたそうです。そうしたら、"That depends if you are drinking or pouring." という思いがけない答が返ってきたということです。まさにその通りで、注ぐ場合には、楽観主義、悲観主義とはあまり関係がないように思われます。

◆　セールス、マーケティング、自己啓発（パーソナルグロース）の英国の著名な専門家・著者・講演者のブルース・キング（Bruce King）のウェブサイト www.bruceking.co.uk に、次の興味深い逸話が紹介されています。

　　The story goes that someone down on their luck and desperately seeking a job was shown the glass and asked that question at an interview. 「その逸話によると、不運続きで必死に仕事を探していた男が、インタビューでグラスを見せられて、"Is the glass half-full or half empty?" と尋ねられました。」
　　His response, delivered in a very excited and forthright manner went as follows: 「彼の極めて興奮した、単刀直入の答えは次の通りでした。」
　　"Doesn't matter whether it's half full or half empty – it still has the same amount of liquid in it. I want a much bigger glass and I want it full to the top!!"
　　『Half-full であろうが、half-empty であろうが、どちらでもいい ― どちらにしたって、中に入っているのは、同じ量の液体じゃないか。私が欲しいのは、もっとずっと大

きいグラスで、中身が縁まで一杯のグラスだ !!』
He got the job. 「彼は、雇用されました。」

　以上、Is the glass half-full or half-empty? の疑問文を
様々な職業や立場の人がどのように解釈し、どのように答える
かに関して、ウイットに富み、「なるほど」と思えたり、おか
しくて笑ってしまうような例を紹介しました。

節・To 不定詞句をとる形容詞

第6章

● That 節をとる動詞と形容詞

皆さんよくご存知のように、動詞には、次のように that 節をとる（そのあとに that 節が現われる）ものがあります。

(1) John **thinks/says/claims/reveals** that he has terminal cancer.

これらの動詞は、他動詞（transitive verb）と呼ばれ、そのあとに現われる that 節は、その動詞の目的語として機能します。この種の動詞には、他に次のようなものがあります。

(2) accept, admit, agree, announce, argue, assume, believe, complain, confess, consider, demand, deny, doubt, expect, feel, forget, guess, hear, hope, insist, know, note, notice, observe, promise, propose, prove, realize, remember, reply, report, request, show, suggest, suppose, understand, wish, etc.

形容詞にも、次のように that 節をとるものがあります。

(3) John is **certain/afraid/aware** that he has terminal cancer.

この種の形容詞には、他に次のようなものがあります。

(4)   angry, anxious, confident, conscious, glad, grateful, happy, hopeful, jealous, sad, sorry, sure, thankful, uncertain, etc.

また、他動詞の過去分詞形が形容詞となり、次のように that 節をとるものもあります。

(5)   I am **delighted/relieved** that you feel better today.

この種の形容詞には、他に次のようなものがあり、(5) と同じ文型に現われます。

(6)   alarmed, amazed, amused, annoyed, ashamed, astonished, determined, disappointed, disgusted, distressed, frightened, horrified, satisfied, shocked, upset, etc.

● 他動詞と同様に、「他形容詞」もあるか？

しかし、皆さんは、(3) - (6) の形容詞が「他形容詞」(transitive adjective) で、そのあとに現われる that 節がその目的語だ、などと教わったことはないはずです。これはどうしてでしょうか。

この問いに答える前に、「他形容詞」(transitive adjective) という概念が、英文法で無用、というわけではないことをここで指摘しておきます。英語の形容詞に 1 つだけ、「他形容詞」(transitive adjective) と名付けざるを得ない単語があるからです。それは、比較級形 nearer、最上級形 nearest と活用する near です。つまり、形容詞（または副詞）が活用して、比較級や最上級になるのであって、たとえば前置詞などはそのような活用をしませんから、near や nearer, nearest がその後ろに名詞句を伴えば、それは「他形容詞」

第6章　節・To 不定詞句をとる形容詞　107

ということになります（【付記 1、2】参照）。

　次の例を見てみましょう。例文（7a-d）はすべて COCA からのものです（【付記 3】参照）。

(7)　a.　Even though the test was designed for older groups, Kevin is still obtaining scores **near** the test ceiling.
　　　　「テストは年配の年令層グループに向けて作られたものであったが、ケヴィンのテストの数値はいまだに、テストの上限に近い。」

　　　b.　(I) would sleep summers on the twin **nearer** the window, and winters on the one **nearer** the hall.
　　　　「（私は）夏は窓に近い方のツインベッドに寝、冬は廊下に近い方のに寝たものだった。」

　　　c.　Both were so much **nearer** the end **than** the beginning on Sept. 9, 1965.
　　　　「1965 年 9 月 9 日、両者とも、出発点よりゴールにずっと近かった。」

　　　d.　She moved to the chair **nearest** the pay phone.
　　　　「彼女は、公衆電話に一番近い椅子に移った。」

（7a）の near は、従来、前置詞として取り扱われてきたものです。（7b）の nearer the window, nearer the hall は、near が比較級で用いられており、先行する the twin, the one を修飾する形容詞句であることが明らかです。（7c）は、nearer the end が、than 句を伴う正真正銘の比較構文を形成することを示しています。（7d）は、最上級形容詞 nearest が、「他形容詞」（transitive adjective）として、名詞句をその目的語としている例です。（7b-d）の nearer と nearest も、従来前置詞として取り扱われてきましたが、前置詞だと

したら、どうして（7c）のような比較構文が成立するか説明できません。以上から、（7a-d）の near, nearer, nearest は、「他形容詞」ということになります。

● Aware などは「他形容詞」ではなく、前置詞をとる

前節の（7a-d）で、near, nearer, nearest に「他形容詞」（transitive adjective）と呼ばざるを得ない機能があることを示しました。それでは、たとえば（3）の形容詞 certain, afraid, aware も「他形容詞」で、それに後続する that 節は、これら形容詞の目的語なのでしょうか。次の（8a）と（8b）を見てください。他動詞の目的語の that 節は、文頭に移動することができます。したがって、（9a）の that 節が「他形容詞」の目的語なら、（8b）と同様に、（9a）の that 節も文頭に移動できるはずですが、（9b）は不適格かそれに近い文です。この事実は、（9a）の aware が「他形容詞」ではなく、それに続く that 節が、aware の目的語ではないことを示唆しています。

(8) a.　He didn't **reveal** to anyone that he had terminal cancer.

　　b.　That he had terminal cancer, he didn't **reveal** to anyone.

(9) a.　He wasn't **aware** that he had terminal cancer.

　　b. ??? That he had terminal cancer, he wasn't **aware**.

（9a）の形容詞 aware と that 節との関係は、この形容詞が、that 節の代わりに wh 疑問節をとるときに何が起きるかを見るとはっきりしてきます。次の例を見てください。

(10) a.　Are you **aware of** *who gave birth to you*?

第6章 節・To 不定詞句をとる形容詞 109

    b. Are you **aware** *who gave birth to you*?（COCA）

（11）a. I'm kind of **curious about** *who's behind it*.

    b. I'm kind of **curious** *who's behind it*.（COCA）

（12）a. You might be **surprised at** *who is at the top of the list right now*.

    b. You might be **surprised** *who is at the top of the list right now*.（COCA）

（13）a. They are **interested in** *who they are, where they're coming from, what background they have, ...*

    b. They are **interested** *who they are, where they're coming from, what background they have, ...*（COCA）

Aware, curious, surprised, interested などの形容詞が wh 疑問節をとるときは、(10a)、(11a)、(12a)、(13a) のように、前置詞を従えた形式 aware of, curious about, surprised at, interested in と、(10b)、(11b)、(12b)、(13b) のように、前置詞のない aware, curious, surprised, interested のどちらでも用いられます（【付記４】参照）。この事実から、これらの形容詞が that 節か wh 疑問節をとる文はすべて、深層構造（元々の構造／基底構造）では前置詞を従えた形式をとり、その前置詞は、表層構造（実際に発話される際の構造）、あるいはそれに近い派生過程で、wh 疑問節の場合は任意に、that 節の場合は義務的に削除される、と仮定することができます。

　ここで (10)–(13) と関連して、「形容詞＋前置詞＋ wh 疑問節」の wh 疑問節は、wh 疑問詞で始まる必要はなく、「前置詞＋ wh 疑問詞」で始まっても構わないことを指摘しておきます。次のグーグルからの実例を見てください。

（14）a. And you'll be **surprised at** *with whom the fault lies*.（Montgomery News)

「そしてあなたは、その過失が誰のせいか分かると驚くことでしょう。」

b. You might be **surprised** *with whom you cross paths*, ...

「あなたは誰と出会うか驚くかもしれない。」

(15) a. Grades are private; Students should be **aware of** *with whom they are shared.*

「成績は、私的なものです。学生は、それを誰に見せるか注意するべきです。」

b. Be **aware** *with whom you are working and what they are doing.*

「あなたが、誰と一緒に働いているか、そして、その人たちが何をしているか、意識していなさい。」

(16) a. One could never be **certain of** *with whom one was dealing,* and must therefore always be on guard.

「人は、自分が誰を相手としているのか、決して確信を持てないだろう。だから常に用心しておかなければならない。」

b. If you are not **certain** *with whom you should talk*, explain the purpose of your call.

「もしあなたが誰と話すべきかはっきりしていなければ、あなたの電話の目的を説明しなさい。」

これで、(9a) の深層構造が分かりました。節の種類によって、形容詞が形を変えるというのは意味をなしませんから、(9a) は、次の深層構造を持っていると仮定するのが妥当だと思われます。

（17）（9a）の深層構造：[*He wasn't **aware of** *that he had terminal cancer.*] ↓

He wasn't aware φ *that he had terminal cancer.*(=9a)

前置詞は、表層構造で that 節をその目的語とすることはできないので、（17）の aware of の of は義務的に削除され、（9a）が派生します。（9b）(=???That he had terminal cancer, he wasn't **aware**.)で that 節が文頭に移動できないのは、of は、形容詞 aware of が that 節に<u>先行していたから省略された</u>、という省略条件の構造が破壊されてしまうからです。

● Wh 分裂文

That 節をとる（18a）の他動詞文では、その that 節が、（18b）のような What John claims is ....（「ジョンが主張することは … だ」）の … の位置（つまり、be 動詞の後ろで、強調の対象となる「焦点」位置）に現われることが可能です（この構文は言語学で「Wh 分裂文」（Wh-Cleft sentences）、または「疑似分裂文」（Pseudo-Cleft sentences）と呼ばれています）。

(18) a. John **claims** that he has cancer.
   b. What John **claims** is that he has cancer.

しかし、他動詞文とは違い、that 節をとる形容詞の場合は、次に示すように、その that 節を Wh 分裂文の焦点位置に置くと、不適格文 (19b) が派生してしまいます。この文が適格になるためには、(19c) のように、形容詞に密接に関係づけられている前置詞が形容詞のあとに現われていなければなりません。

(19) a. John is **afraid** that he has terminal cancer.
   b. *What John is **afraid** is that he has terminal cancer.
   c. What John is **afraid of** is that he has terminal cancer.

この事実は、「Wh 分裂文」規則が、afraid of の of が that 節の前で省略される前の中間構造 (20) に適用される、と想定することによって、自動的に説明することができます。

(20)　中間構造：[John is **afraid of** <u>that he has terminal cancer</u>]
　　　　　　　　　　　　　　　　　　　↓
　　　　　　　　　　　　　　　　Wh 分裂文の焦点

第6章　節・To 不定詞句をとる形容詞　113

● To 不定詞句をとる形容詞

　他動詞には、次の（21a）に例示するように、to 不定詞句をとることができるものがあります（久野・高見（2017）『謎解きの英文法 — 動詞』第3章を参照）。形容詞にも、（21b）に例示するように、to 不定詞句をとることができるものがあります。

(21) a.　I **want** to spend more time with Brandon.
　　　　「私はブランドンともっと一緒の時間を過ごすことを望む。」

　　b.　I am **anxious** to spend more time with Brandon.
　　　　「私は、ブランドンともっと一緒の時間を過ごすことを切望する。」

　（21a）の動詞句 spend more time with Brandon を焦点とする Wh 分裂文には、次の（22a）と（22b）があります。

(22) a.　What I want is to spend more time with Brandon.
　　b.　What I want to **do** is spend more time with Brandon.（【付記5】参照）

（22a）は、単に、焦点となる to 不定詞句（=to spend more time with Brandon）を主動詞 want から切り離し、be 動詞のあとの焦点位置に置いたものです。一方、（22b）では、不定詞句がどこから焦点位置に移されたかを代動詞 do が明示しています。（22a）と（22b）は、ともに適格文ですが、私たちのアメリカ英語母語話者コンサルタントたちは、（22b）の方が（22a）より一般的と判断します。

さて、(21b) の「形容詞 + to 不定詞句」の to 不定詞句を焦点とする Wh 分裂文には、次の (23b) と (23c) の２つがあります。

(23) a. *What I am anxious is to spend more time with Brandon.

b. What I am anxious **for** is to spend more time with Brandon.（グーグル実例）

c. What I am anxious to **do** is to spend more time with Brandon.

Wh 分裂文規則は、(24) に示す深層構造の "anxious for to spend ..." の for が省略される前に適用されますから、(23a) は、派生不可能で、不適格文ということになります。これは、(19b)（= *What John is **afraid** is that he has terminal cancer.）が不適格なのと同じ理由です。

(24)(21b) の深層構造：

[*I am **anxious for** to spend more time with Brandon.]

↓

I am **anxious** ϕ to spend more time with Brandon.（=21b）

　上の仮説は、uncertain **of** や unsure **of** のような、wh-to 不定詞句（例：what to do, who to speak to, with whom to speak）をとることができる形容詞で、(24) のパターンの文（つまり、前置詞の of を伴う文）が、次の (25a-e) のように適格と判断されることにより、強いサポートを受けます。次の例文は、すべてグーグルからの実例です。

(25) a.（They）were still **uncertain of** *who to talk to about getting*

advice.

「（彼らは）アドバイスを得ることについて誰と話しを
したらよいか、まだ確かでなかった。」

b. She halted at the bottom, **uncertain of** *where to go.*

「彼女は（アドバイスが欲しいときに）どこへ行くべき
か分からなかったので、（階段の）下で立ち止まった。」

c. When we are **uncertain of** *what to say*, we can give "generic
gestures of reassurance, which are not helpful".

「何を言っていいのか分からないとき、私たちは相手
を安心させるお決まりのジェスチャーをすることがで
きるが、それはあまり役には立たない。」

d. Commas have a variety of functions yet many people are
uncertain of *how to use them.*

「コンマにはたくさんの役割があるが、それでも多く
の人は、それをどのように使うか確信がない。」

e. If you are **unsure of** *with whom to speak*, contact Research
& Learning Technologies.

「もし誰と話したらよいか分からないときには、Re-
search & Learning Technologies 課に連絡をとりなさい。」

　これらの文は、前置詞 of があってもなくても適格です。その
ため、たとえば（25a）の深層構造とその派生過程（表層構造）
を示すと、次のようになります。

（26）（25a）の深層構造：

[（They）were still **uncertain of** who to talk to about getting advice.]

↓

（They）were still **uncertain (of)** who to talk to about getting advice.

したがって、「形容詞＋前置詞」の前置詞が、to 不定詞句をとることを許されるとき、その不定詞句が to で始まるときは前置詞が義務的に削除され（(24) を参照）、それが wh-to 不定詞句に先行するときには、前置詞の削除が義務的でないこと（(26) を参照）を示します。(25e) が適格であることは、wh-to 不定詞句が wh-words で始まる必要がないことを示しています。

● Wh 分裂文の代動詞 do の不可思議

(22) と (23) で、他動詞の目的語不定詞句あるいは形容詞に後続する to 不定詞句を Wh 分裂文の焦点にしたいとき、不定詞句の動詞を削除しないで、代動詞 do で置き換えるパターンがあることを示しました。読者の便宜のため、このパターンを (27) と (28) で繰り返して例示します。

(27) a.　I want to spend more time with Brandon.

　　 b.　What I want to **do** is spend more time with Brandon.

(28) a.　I am anxious to spend more time with Brandon.

　　 b.　What I am anxious to **do** is spend more time with Brandon.

(27b), (28b) の do の意味は、「～をする」であって、「～をされる」でも「～の状態にある」でもありません。

　次に、(29a) と (30a) の Wh 分裂文を考えてみましょう。

(29) a.　I was afraid to fall off the edge.

　　 b.　What I was afraid **of** was to fall off the edge.

　　 c.　What I was afraid to **do** was to fall off the edge.

(30) a.　I was afraid to trip on the stairs.〔trip on the stairs：階段で

つまずく]

 b. What I was afraid **of** was to trip on the stairs.

 c. What I was afraid to **do** was trip on the stairs.

「崖から落ちる」、「階段でつまずく」は、意図的行為ではありません が、行為であることには違いありません。適格文（29c）、（30c） で do が用いられていることから、代動詞 do は、「意図的動作動詞」ではないけれども、「動作動詞」であることには違いない、と考える読者があることと思います。ところが want to のあとの動詞が［－動作］の場合は、意外な現象が起きます。（31a-d）、（32a-d）を見てください。

 （31）a. I wanted to be needed.

   b. What I wanted was to be needed.

   c. What I wanted to **be** was be needed.

   d. What I wanted to **do** was be needed.

 （32）a. He doesn't want to be taken alive.

   b. What he doesn't want is to be taken alive.

   c. What he doesn't want to **be** is be taken alive.

   d. What he doesn't want to **do** is be taken alive.

（31b, c）、（32b, c）が適格なのは予測通りです。意外なのは、「必要とされる」、「生きたまま捕らえられる」ことが、「～する」ことではないのに、（31d）、（32d）が適格であるばかりでなく、これらの方が、（31c）、（32c）よりも一般的な表現であると判断されることです。

 （33a）、（34a）のように、「be ＋形容詞＋ to 不定詞句」の不定詞句が「～する」ことではなくて、「～される」ことを表わす場

合にも、当然のことながら、同様の現象が見られます。

（33）a.　I was anxious to be needed.

　　　b.＊What I was anxious was to be needed.

　　　c.　What I was anxious for was to be needed.

　　　d.　What I was anxious to **be** was be needed.

　　　e.　What I was anxious to **do** was be needed.

（34）a.　He wasn't anxious to be taken alive.

　　　b.＊What he wasn't anxious was to be taken alive.

　　　c.　What he wasn't anxious for was to be taken alive.

　　　d.　What he wasn't anxious to **be** was be taken alive.

　　　e.　What he wasn't anxious to **do** was be taken alive.

（33），（34）の（d, e）文はともに適格ですが、母語話者は、be動詞が3つ連続する（d）をややぎこちない、と判断します。したがってこの場合も、話し手が切望することが必要とされることであったり、彼が切望しないことが、生きたまま捕らえられることであるにもかかわらず、（31），（32）での観察と同様に、be を用いた（33d），（34d）より、do を用いた（33e），（34e）の方が一般的な表現であるということになります。

　以上の考察から、代動詞 do は、do の原義「～する」に基づいて、動作動詞だと思われるかもしれませんが、実際には、［－動作動詞］でもあり、結局、［±動作動詞］という結論になります。つまり、［＋動作動詞］と［－動作動詞］の両方の機能を持っていることになります。

第6章 節・To 不定詞句をとる形容詞 119

● Wh 分裂文と似た構文法的特質を示す構文

　Wh 分裂文と類似した構文法的特質を示す構文に、All he wants
to do is ... ; The last thing he wants to do is ... ; The only thing he wants
to do is ... の類の構文があります。これらの構文で be 動詞のあと
に現われる焦点不定詞句が受身動詞、あるいは「be + NP/ADJ」
のとき、代動詞に do が用いられる頻度数と be が用いられる頻度
数を比較するために、"to **do** is be", "to **be** is be", "to **do** was be", "to
be was be" のヒット数を COCA で調べてみました。このキーワー
ドによるヒット数は、Wh 分裂文のヒット数も含みますが、その
頻度数は本節で問題にしている構文の頻度数と比べて極小ですか
ら、無視することにします。この 4 つのキーワードのヒット数を
(35) に示します。

(35)	キーワード	COCA ヒット数	
a.	to do is be	143	
b.	to be is be	1	【付記 6】参照
c.	to do was be	35	
d.	to be was be	0	

(35a) の COCA ヒット数 143 の多くは、(36a-c) のように、焦点
不定詞句が状態表現「〜である」とも、動作表現「〜になる」と
もとれるものですが、(36d-m) は、受身不定詞句で、「〜される」
を意味し、「〜する」ではありません。それにもかかわらず、do
が用いられていること、そして、(35b) の "to be is be" がたった
1 例しかないことから判断すると、問題にしている構文で用いら
れる代動詞が、焦点不定詞句のいかんを問わず、do をデフォル
トとしている、と言うことができるようです。私たちの母語話者

コンサルタントたちも、受身焦点不定詞句に do が用いられている（36d-m）を適格と判断しています（【付記７】参照）。

(36) a. We know that all he wants **to do is be** a hero.

　　b. But now all she wants **to do is be** friends.

　　c. All my daughter wants **to do is be** like her mother.

　　d. All the chick wants **to do is be** held.
　　　「ひよこがしたいことは手で抱えられることだけだ。」

　　e. All he wants **to do is be** left alone to play video games every night and on weekends.
　　　「彼がしたいことは、毎晩そして週末に、テレビゲームをしても（注意されずに）放っておかれることだ。」

　　f. Plus, the last thing that an anxious overachiever wants **to do is be** seen as arrogant by others.
　　　「その上、実力以上の成功を収めようとする願望が過度に強い人がとことん避けたいと思うことは、他の人に傲慢だと思われることです。」

　　g. All an Indian's got **to do is be** seen drinking a beer and he's drunk.
　　　「ネイティブ・アメリカンがしなければならない唯一のことは、ビールを飲んでいるのを見られることだ。そうすれば、彼は酔っぱらっている（ということになる）。」（【付記８】参照）

　　h. And the last thing we wanted **to do is be** fired from our first movie.

　　i. All it has **to do is be** attached.

　　j. There's a dog, and all it has **to do is be** carried.

　　k. McCrary thinks the last thing Cunanan wants **to do is be** taken alive.(【付記 9】 参照)

「McCrary は、クナナン（Cunanan）が最もしたくない
ことは、生きたまま捕らえられることだと思ってい
る。」

l.　All we have **to do is be** led to the right spot.

m.　All I just want **to do is be** excused.

次の（37）のパターンの構文が、（35b）から明らかなように、
かくも劣勢になっているのは一体どうしてでしょうか。

（37）　All I've got **to be is be** happy.
「私がそうあらねばならないのは、幸せであることだけ
だ。」

その答えは定かではありませんが、（33d），（34d）で指摘したよ
うに、be 動詞を 3 つ連続させていることから生じるこのパター
ンのぎこちなさが原因かもしれません。

● 結び

私たちは本章でまず、他動詞が that 節や to 不定詞句をとるの
と同様に、形容詞にも aware や anxious のように、that 節か to 不
定詞句、あるいはその両方をとるものがあることを観察し、それ
にもかかわらず、これらの形容詞が、なぜ「他形容詞」と言えな
いかを明らかにしました（「他形容詞」と呼ばざるを得ないのは、
nearer, nearest と活用する near のみです（（7a-d）参照））。その理
由は、このような形容詞は、他動詞と違い、深層構造で次のよう
に前置詞をとると仮定しないと体系的に説明できない事象がある

からです。そして、これらの形容詞に that 節や to 不定詞句が続く場合は、その前置詞が義務的に、Wh 節または Wh to 不定詞句が続く場合は、その前置詞が任意に、削除されることを示しました。

（38）深層構造：

    *He wasn't **aware of** that he had terminal cancer.（= 17）

        ↓

  表層構造：

    He wasn't **aware** ϕ that he had terminal cancer.（=9a）

（39）深層構造：

    Are you **aware of** who gave birth to you?（=10a）

        ↓

  表層構造：

    Are you **aware (of)** who gave birth to you?

（40）深層構造：

    *I am **anxious for** to spend more time with Brandon.（=24）

        ↓

  表層構造：

    I am **anxious** ϕ to spend more time with Brandon.（=21b）

（41）深層構造：

    I am **unsure of** with whom to speak.（cf. 25e）

        ↓

  表層構造：

    I am **unsure**（ϕ）with whom to speak.

第6章　節・To 不定詞句をとる形容詞　123

　この説明は、次の（19a）の that 節を Wh 分裂文の焦点位置に置くと、（19b）は不適格で、（19c）のように、形容詞のあとに前置詞 of が現われなければならないことからも裏づけられます。

(19) a.　John is **afraid** that he has terminal cancer.

　　b. *What John is **afraid** is that he has terminal cancer.

　　c.　What John is **afraid of** is that he has terminal cancer.

　次に私たちは、Wh 分裂文に現われる代動詞 do の不思議な特徴について考察しました。Do の意味は、「～をする」だと考えられるのに、次の（b）に示すように「～される」ことを表わす場合にも、do が現われることができます。

(42) a.　What I was anxious to **be** was be needed.（=33d）

　　b.　What I was anxious to **do** was be needed.（=33e）

(43) a.　What he wasn't anxious to **be** was be taken alive.（=34d）

　　b.　What he wasn't anxious to **do** was be taken alive.（=34e）

そして母語話者は、be 動詞が 3 つ連続する（42a），（43a）をややぎこちないと判断し、（42b），（43b）の方が自然だと言います。したがって、代動詞 do は、［－動作動詞］でもあり、結局、［±動作動詞］であるということになります。

　最後に私たちは、Wh 分裂文と類似した特性を示す All he wants to do is ... , The last thing he wants to do is ... , The only thing he wants to do is ... の構文を観察しました。そしてこれらの構文でも、be 動詞のあとに現われる焦点不定詞句が受身動詞、あるいは「be ＋ NP/ADJ」のとき、代動詞に do と be が用いられる頻度数を COCA で調べてみると、圧倒的に do の方が多く、do がデフォルトであ

ることを示しました。

*A boy is tall. は なぜ不適格か？
— 定義文と形容詞 —

第7章

● 恒常的形容詞は不定名詞句を主語にとれない？

　私たちは第1章で、形容詞は次に再録するように、修飾する名詞の一時的状態を表わすものと、恒常的状態を表わすものがあることを観察しました。

(1) 一時的形容詞：
　　sick（病気の）、angry（怒った）、hungry（空腹な）、tired（疲れた）、drunk（酔った）、naked（裸の）、open（開いた）、asleep（眠っている）、empty（空の）、absent（不在の）、available（利用できる）

(2) 恒常的形容詞：
　　tall（背が高い）、intelligent（聡明な）、stupid（愚かな）、cross-eyed（斜視の）、deaf（耳の不自由な）、faithful（誠実な、忠実な）、left-handed（左利きの）、interesting（面白い）、talkative（話し好きな）、dead（死んでいる）

本章でも第1章と同様に、(1) のような形容詞を一時的形容詞、(2) のような形容詞を恒常的形容詞と呼びましょう。
　さて、(1) と (2) の形容詞はどちらも、主語が John や the boy のような定名詞句の場合、次のように、その主語を叙述する補語（complement）として、「主語 + be 動詞 + 述語（形容詞）」パターンの文に現われます。

（3） a. John is **sick**.（ジョンは病気だ）

b. The boy was **angry**.（その少年は怒っていた）

c. Those students are **hungry**.（あの学生たちはお腹がすいている）

（4） a. John is **tall**.（ジョンは背が高い）

b. The boy was **intelligent**.（その少年は聡明だった）

c. Those students are **left-handed**.（あの学生たちは左利きだ）

（3a-c），（4a-c）が適格なことは自明なので、「何を分かりきったことを言うのか？」と疑問に思われるかもしれませんが、興味深いことに、主語が不定名詞句の場合は、次のように、一時的形容詞は問題がありませんが、恒常的形容詞が現われると不適格になります（Perlmutter（1971），久野（1973）、Milsark（1977）等参照）（【付記1】参照）。

（5） a. **A child** is **sick**.

b. **A boy** was **angry**.

c. **Students** are **hungry**.

（6） a. ***A boy** is / was **tall**.

b. ***A girl** is / was **intelligent**.

c. ***Students** are **left-handed**.

（5），（6）の英文には日本語訳を入れていませんが、日本語に関しては後ほど、別の節で考察します。

以上の事実から次の制約を立てることができます。

（7） Be 動詞の補語が恒常的状態を表わす不定名詞句主語文

は、不適格である。

　（6a-c）の補語は、すべて恒常的形容詞ですが、次のように名詞句（= a hard-working accountant）の場合も恒常的状態を表わすので、（7）では、be 動詞の補語を、単に「恒常的形容詞の」としないで、「恒常的状態を表わす」という形で一般化しています。

（8）　　***A man that she met** was a hard-working accountant.［accountant：会計士］

　ところが、（6）や（8）のような不定名詞句主語に強調を受けた数詞・数量詞が用いられると適格文になります（久野（1973: 34-35）参照）。

（9）　a.　**One boy** is / was **tall**.

　　　b.　**Two girls** are / were **intelligent**.

　　　c.　**A few boys** are **left-handed**.

　主語が不定名詞句の場合に、一時的形容詞と恒常的形容詞でどうして（5）と（6）のような適格性の違いが生じるのでしょうか。（7）の制約は何に起因するのでしょうか。そして、どうして不定名詞句主語に強調を受けた数詞・数量詞が用いられると、（9）のように適格になるのでしょうか（【付記2】参照）。本章では、be 動詞を用いた叙述文（「主語 + be 動詞 + 述語（形容詞・名詞）」）と不定名詞句主語の関係を考察し、上のような文の適格性、不適格性の理由を明らかにしたいと思います。

● 不定名詞句主語の総称文は（7）の制約の適用を受けない

次の文はいずれも、主語が不定名詞句で、be 動詞の補語が恒常的状態を表わしていますが、すべて適格です。

(10) a. **A whale** is a mammal.（クジラは哺乳類である）
 b. **A whale** is intelligent.（クジラは聡明だ）
 c. **Horses** are faithful and useful.（馬は忠実で役に立つ）

A whale や horses が不定名詞句であるのは明らかですが、これらの名詞句は総称的(generic)に用いられています。したがって(10a)だと、クジラ全体の1つのメンバー（クジラ一頭）を取り上げ、それが哺乳類であるという記述がその種類の成員全体に当てはまると述べています。同様（10b）だと、ある任意の一頭のクジラが聡明だという記述がクジラ全体に当てはまると述べています。一方（10c）では、複数の馬（horses）が忠実で役に立つという記述が、その種類の成員全体に当てはまると述べています。日本語訳に示した通り、総称文解釈は日本語でも同じです。以上から、

第7章　*A boy is tall. はなぜ不適格か？　129

不定名詞句主語が総称名詞として解釈される場合は、（7）の制約が適用しないことが分かります。よって、（7）は次のように修正されます。

(11) Be 動詞の補語が恒常的状態を表わす不定名詞句主語文は、不適格である。ただし、不定名詞句主語が総称名詞として機能する場合は、この制約の適用を受けない。

なぜ、不定名詞句主語が総称名詞の場合、（11）の制約の適用を受けないかについては、あとの節で明らかになります。すでにお気づきのことと思いますが、（11）の制約は、（9a-c）の **One boy** is / was tall.、**Two girls** are / were intelligent. なども不適格と予測してしまいます。このような文の適格性がどのように説明されるかについても、あとの節で取り上げます。

● Be 動詞の補語が恒常的状態を表わす文は、主語を定義づける文

(10)（以下に再録）の総称文を再度見てみましょう。

(10) a. **A whale** is a mammal.（クジラは哺乳類である）
　　 b. **A whale** is intelligent.（クジラは聡明だ）
　　 c. **Horses** are faithful and useful.（馬は忠実で役に立つ）

上で述べたように、（10a-c）の補語は、すべて主語の恒常的状態を述べていますが、補語の恒常性のゆえに、これらの文は、主語を特徴づける文、言い換えれば、主語を定義する文となっています。つまり、クジラは哺乳類であるとか、聡明だというのは、ク

ジラの恒常的、永続的特徴を述べて、クジラがどういう動物であるかを定義づけています。(10c) もまったく同様です。

同じことは、主語が定名詞句で、恒常的形容詞を補語とする (4a-c)（以下に再録）についても言えます。

(4) a. John is **tall**.（ジョンは背が高い）

b. The boy was **intelligent**.（その少年は聡明だった）

c. Those students are **left-handed**.（あの学生たちは左利きだ）

補語が恒常的性質を表わすので、これらの文も主語を定義づける（特徴づける）文です。つまり、ジョンは背が高く、その少年は聡明で、あの学生たちは左利きだという記述によって、主語指示物がどういう人かの定義づけがなされています。

これに対して、一時的形容詞が用いられた (3a-c)（以下に再録）は、主語の定義文ではありません。

(3) a. John is **sick**.（ジョンは病気だ）

b. The boy was **angry**.（その少年は怒っていた）

c. Those students are **hungry**.（あの学生たちはお腹がすいている）

これらの文は、ジョンや少年、学生の一時的な状態を述べているだけであり、主語を定義づけることができません。単に、ある時点での主語指示物の状態を述べているに過ぎません。

第7章 *A boy is tall. はなぜ不適格か？ 131

● 定義文の主語名詞句に課される制約

それでは、定義文の主語にはどのような名詞句がなれるのでしょうか。これまで観察した定義文（4a-c）,（6a-c）,（9a-c）,（10a-c）の代表例を以下で見てみましょう。

(4) b. **The boy** was intelligent.（定名詞句）

(6) a. ***A boy** is / was tall.（不定名詞句）

(9) a. **One boy** is / was tall.（数詞付き不定名詞句）

(10) b. **A whale** is intelligent.（総称不定名詞句）

(4b) の主語 the boy は定名詞句なので、固有名詞の John などと同様に、その指示対象が誰であるかを、話し手だけでなく聞き手も唯一的に認定（uniquely identify）できます。一方、(6a) の主語 a boy は不定名詞句なので、話し手は、その指示対象が認定できますが、聞き手はその少年を認定することができません。それでは、聞き手に主語の指示対象が認定できない定義文は不適格、ということができるでしょうか。答えはノーです。なぜなら、(9a) が適格だからです。(9a) の主語は、(6a) の主語と同様、不定名詞句ですが、母集合（たとえば、少年、少女が合計 10 人いるとして、その 10 人の集合）が話し手と聞き手の間ですでに話題になっています。そのような話題が出たあとで、話し手は、その記述（つまり、is tall）に適う人が一人しか認定できない、と伝えています。聞き手は、one boy の指示対象を認定することはできませんが、話し手が、唯一的に認定した人についての定義文を発話していることは、聞き手に分かります。他方、主語が a boy の(6a) には、is tall という定義に適う母集合メンバーが、話し手によって唯一的に認定された、というメッセージが含まれていませ

ん。

上記の a boy と one boy についての説明は、主語が a boy でも、次のような修飾要素を伴うと適格になるという事実からも裏づけられます。

(12) a. **A boy in my daughter's kindergarten** is very tall.

　　 b. **A guy in my class** is remarkably intelligent.

　　 c. **A boy in my middle-school class** was left-handed.

これらの文では、話し手が主語を単に「ある少年」(a boy) と言わずに、「私の娘の幼稚園のある少年、私のクラスのある人」のように、a boy や a guy に母集合を話し手の身近なグループに限定する修飾要素をつけることによって、主語の指示対象が話し手によって唯一的に認定されていることが、聞き手に分かります。(12a-c) が適格と判断されるのは、このためであると考えられます。さらに、(10b) の主語 a whale は、不定名詞句であるものの、総称名詞なので、聞き手にとって、話し手がその指示対象を唯一的に認定していることが自明です。

以上から、次の制約が導き出されます。

(13) Be 動詞の補語が恒常的状態を表わす文は、補語の恒常性のゆえに主語を定義する文である。そのため、その定義されるべき主語は、その指示対象が話し手によって唯一的に認定されていることが明らかな形で表現されなければならない。

この制約は、何を定義しているか明らかでない定義文は、適格文であり得ない、という当たり前の制約に起因します。そして (6ac）は、(13) の制約を満たしていないので、不適格であると説明づけられます。(6a) は、本章のタイトルの英文 (=*A boy is tall.) ですから、これで、その質問の謎が解けたことになります。

一方、(5a-c)（以下に再録）は、補語がすべて一時的形容詞なので、主語を定義する文ではありません。

(5) a. **A child** is **sick**.

  b. **A boy** was **angry**.

  c. **Students** are **hungry**.

したがって、(13) の制約の適用を受けず、適格です。

● 日本語でも同様のことが言える

すでにお気づきのことと思いますが、主語の定義文は、日本語ではその主語が「主題」(theme) をマークする「ハ」を伴って現われます。以下にその数例を繰り返します。

(14) a. ジョンは背が高い。（定名詞句主語文）(=4a)

  b. あの学生たちは左利きだ。（定名詞句主語文）(=4c)

c. クジラは哺乳類である。（総称名詞主語文）（=10a）

d. 馬は忠実で役に立つ。（総称名詞主語文）（=10c）

（14a, b）の主語「ジョン / あの学生たち」は定名詞句なので、（4b）の the boy と同様に、その指示対象を話し手だけでなく聞き手も唯一的に認定できます。また（14c, d）の主語「クジラ / 馬」は総称名詞なので、（10a）の a whale と同様に、話し手がその指示対象を唯一的に認定していることが聞き手にとって自明です。そして（14a-d）は、その唯一的に認定された主語の指示対象を定義する文であり、その指示対象を主題にしているので、主語が「ハ」でマークされています。

　ここで、（14a-d）の主語が「ガ」でマークされると、その主語は「総記」（exhaustive listing）の意味（＝今問題にしている事物の中で X だけが … だ）になり、定義文ではなくなることに注意してください（久野（1973: 第 2 章）参照）。

（15）a. ジョンが背が高い。

b. あの学生たちが左利きだ。

c. クジラが哺乳類である。

d. 馬が忠実で役に立つ。

（15a）は、今問題にしている人たちの中で、ジョンだけが背が高いという意味であり、他の例でも同様です。

　日本語の主語の定義文は、その主語が「ハ」でマークされることが分かると、日本語でも英語と同様に、述部が恒常的状態を表わす不定名詞句主語文は不適格になることが分かります。次の例を見てください。

第7章 *A boy is tall. はなぜ不適格か？ 135

(16) a. 犬は賢い。（総称名詞主語文）

　　 b. この犬は賢い。（定名詞句主語文）

　　 c. *ある犬は賢い。（不定名詞句主語文）

(17) a. 太郎はまだ独身です。（定名詞句主語文）

　　 b. *ある青年はまだ独身です。（不定名詞句主語文）

(16a, b)，(17a) が適格なのは、(14a-d) が適格なのと同じなので、もう説明の必要はないでしょう。一方、(16c)，(17b) は、英語の (6a)（=*A boy is / was tall.）が不適格なのと同様で、話し手は主語を「ある犬 / ある青年」とのみ言っているだけで、「賢い」とか「まだ独身です」という定義に適う母集合のメンバーが、話し手によって唯一的に認定されていることが、聞き手に分かりません。したがって、不適格となります。

　他方、英語の (12a-c) が適格なのと同様に、たとえば (17b) も次のようにすれば適格となります。

　(18) 僕の同僚のある青年は、まだ独身です。

(18) が適格なのはもう言うまでもありませんが、それは、定義文の主語を「僕の同僚のある青年」とすることで、話し手がその指示対象を唯一的に認定していることが明らかになるからです。

　ここで、英語の (5a-c) のように、一時的形容詞が不定名詞句を主語にとる場合、日本語では次のように、その主語は「ハ」ではなく、「ガ」でマークされることに注意してください。

(19) a. 子供 {が /*は} 病気だ。

　　 b. お酒を飲み過ぎたのか、ある人 {が /*は} 酔っている。

　　 c. ある女性 {が /*は} 君の発言に腹を立てている。（【付

記3】参照)

　述部が、(15a-d) のように恒常的状態を表わす場合は、「ガ」は総記の解釈しか受けませんが、(19a-c) のように、一時的状態を表わす場合は、「ガ」は中立叙述 (neutral description) の解釈になります (久野 (1973: 32) 参照)【付記4】参照)。

　英語で One boy is / was tall.(=9a) のように、不定名詞句主語に数詞・数量詞が用いられると適格になることを観察しましたが、日本語でも同様のことが言えます。次の文を見てください。

(20) a. *ある子供は聡明だった。(不定名詞句主語文)
　　 b. 二人の子供は聡明だった。(数詞付き不定名詞句主語文)
　　 c. 数人の少年は背が高かった。(数量詞付き不定名詞句主語文)

(20a) の不定名詞句主語文が、(16c), (17b) と同様に不適格なのに対し、(20b, c) のように、主語に数詞・数量詞がついた文は適格です。その理由は、(9a-c) の英語の場合と同様に、主語が「二人の子供」や「数人の少年」になると、これらの文が、母集合の中の特定の二人の子供、特定の数人の少年という、唯一的に認定された人についての定義文であることが明らかになり、(13) の制約を満たしているためです。

　同様の例を以下にあげておきます。

(21) a. *ある人は左利きだ。(不定名詞句主語文)
　　 b. 一人の人は左利きだ。(数詞付き不定名詞句主語文)
　　 c. 数名の人は左利きだ。(数量詞付き不定名詞句主語文)

第7章 *A boy is tall. はなぜ不適格か？ 137

● A sparrow is dead over there. はどうなる？

上で、次の英文 (22a) がなぜ不適格であるかを説明しましたが、同じ構文パターンでも、(22b) は適格です。

(22) a. ***A boy** is tall. (cf. 6a)
　　 b. 　**A sparrow** is dead over there.

tall が恒常的形容詞であるのと同様に、dead も、人や動物が死んでいたり、植物が枯れていると、それは恒常的、永続的状態なので、恒常的形容詞です。そして (22b) の主語 a sparrow は、(22a) の主語 a boy と同様に、不定名詞句です。それにもかかわらず、(22b) は適格です。これはどのように説明されるのでしょうか。

実は、(22b) は定義文ではありません。この文は、話し手が一匹のスズメが向こうで死んでいることを聞き手に伝達する文で、スズメを定義づける文ではありません。その証拠に、(22b) は、日本語では次に示すように、主語のスズメが主題を表わす「ハ」ではなく、中立叙述を表わす「ガ」でマークされます。

(23) a. *スズメは向こうで死んでいる。
　　 b. 　スズメが向こうで死んでいる。

(22b) のように、英語で be 動詞の補語が恒常的状態を表わし、主語が不定名詞句の文であっても、その主語が日本語では「ガ」でマークされる場合は、その英文は主語の定義文ではないので、(22b) は (13) の制約を受けず、適格であると説明されます。

以上から、(13) の制約は、次のように修正され、この制約は英語と日本語の両方に当てはまる制約ということになります。

(24) 主語を叙述する補語が恒常的状態を表わし、その主語が日本語では「ハ」でマークされる文は、補語の恒常性と「ハ」が表わす主題性のゆえに、主語を定義する文である。そのため、その定義されるべき主語は、その指示対象が話し手によって唯一的に認定されていることが明らかな形で表現されなければならない。

● **結び**

本章では、a boy のような不定名詞句主語文について考察し、(5a-c) は適格なのに、(6a-c) が不適格なのはなぜかを考えました。

(5) a. **A child** is **sick**.
    b. **A boy** was **angry**.
    c. **Students** are **hungry**.
(6) a. ***A boy** is / was **tall**.
    b. ***A girl** is / was **intelligent**.
    c. ***Students** are **left-handed**.

(5a-c) の補語が一時的形容詞なのに対し、(6a-c) の補語が恒常

第7章　*A boy is tall. はなぜ不適格か？　139

的形容詞であることから、(6a-c) は、補語の恒常性のゆえに、主語の定義文であることを示しました。そして、次のような定義文はいずれも適格であることから、(6a-c) が不適格なのは、以下の (13) の制約を満たしていないことに起因することを示しました。

(4) b. **The boy** was intelligent.（定名詞句主語の定義文）

(9) a. **One boy** is / was tall.（数詞付き不定名詞句主語の定義文）

(10) b. **A whale** is intelligent.（総称不定名詞句主語の定義文）

(12) b. **A guy in my class** is remarkably intelligent.（修飾要素付き不定名詞句主語の定義文）

(13) Be 動詞の補語が恒常的状態を表わす文は、補語の恒常性のゆえに主語を定義する文である。そのため、その定義されるべき主語は、その指示対象が話し手によって唯一的に認定されていることが明らかな形で表現されなければならない。

さらに本章では、(13) の制約が日本語にも当てはまることを観察し、この制約によって、たとえば次のような文の適格性、不適格性が説明できることを示しました。

(14) a. ジョンは背が高い。（定名詞句主語文）(=4a)

c. クジラは哺乳類である。（総称名詞主語文）(=10a)

(16) b. この犬は賢い。（定名詞句主語文）

c. *ある犬は賢い。（不定名詞句主語文）

(17) a. 太郎はまだ独身です。（定名詞句主語文）

b.＊ある青年はまだ独身です。（不定名詞句主語文）

（18）　　僕の同僚のある青年は、まだ独身です。（修飾要素付き不定名詞句主語文）

（20）a.＊ある子供は聡明だった。（不定名詞句主語文）

　　b.　二人の子供は聡明だった。（数詞付き不定名詞句主語文）

最後に、次の（22a, b）の適格性の違いを観察し、両者は、ともに数詞付きでない不定名詞句を主語とし、恒常的状態を表わす形容詞を補語としているという点で、一見類似しているように見えるものの、（22b）は定義文でないことを（23a, b）の日本語訳を用いて示しました。

（22）a.＊**A boy** is tall.（cf. 6a）

　　b.　**A sparrow** is dead over there.

（23）a.＊スズメは向こうで死んでいる。

　　b.　スズメが向こうで死んでいる。

そして最終的に、（13）の制約を修正して、英語と日本語の両方に適用できる次の制約を提示しました。

（24）主語を叙述する補語が恒常的状態を表わし、その主語が日本語では「ハ」でマークされる文は、補語の恒常性と「ハ」が表わす主題性のゆえに、主語を定義する文である。そのため、その定義されるべき主語は、その指示対象が話し手によって唯一的に認定されていることが明らかな形で表現されなければならない。

Spork って何か、ご存知ですか？

もう何十年も前のことですが、同僚の先生が次のように言われたのを今もよく覚えています。

（1）私たちはこの問題も<u>とらまえて</u>議論しないといけませんね。

私はそれまで、「とらまえる」という表現を聞いたことがありませんでした。ただ、この表現が次の2つの単語の最初と最後を取り出して、それらを1つの単語にしたもの、つまり「かばん語」（portmanteau word）（または「混成語」）だということはすぐに分かりました。

（2）<u>とら</u>える ＋ つか<u>まえる</u> → とらまえる（捕まえる／捉まえる）

（1）の「とらまえる」は、（2）に示したように、「<u>とら</u>える」の最初の部分と「つか<u>まえる</u>」の最後の部分を合わせてできあがった単語というわけです。『明鏡国語辞典』には、「とらまえる」が見出し語としてあがっており、「とらえる」と「つかまえる」が混交してできた語であると説明されています（【付記1】参照）。

実は、この「かばん語」（portmanteau word）というのは、ルイス・キャロル（Lewis Carroll）の『鏡の国のアリス』

(*Through the Looking Glass*)（1871）の中での造語で、ハンプティ・ダンプティ（Humpty Dumpty）がアリス（Alice）に、2つの単語（の意味）が1つの単語に詰め込まれていて、それはまるで portmanteau（「両開き旅行かばん」）のようだと説明している部分に由来します。つまり、開かれた旅行かばんの両側に2つの語が別々に詰め込まれて1つになった語という意味で、「かばん語」と呼ばれます。

当時の両開き旅行かばん

かばん語は、商品名にもよく用いられています。たとえば、「ネスプレッソ」は、ご存知のように、エスプレッソコーヒーを抽出できるシステム、またはそのカプセル式コーヒーで、ネスレ（ネスレグループの1つのブランド）が開発したシステムですが、次の2つの単語からできたかばん語です。

（3）ネス<u>レ</u> + <u>エスプレッソ</u> → ネスプレッソ

（2）と（3）のかばん語は、2つの単語のそれぞれ最初と最後の部分を合わせていますが、「熱さまシート」（熱があるときなどに額に貼るシート（小林製薬））は、次に示すように、「<u>熱さまし</u>」の最初の部分と、「シート」全体を合わせてできたか

ばん語です。

（4） 熱さまし ＋ シート → 熱さまシート

　さて、英語にも上のようにしてできあがったかばん語がたくさんあります。次の単語は何と何が合わさってできたものでしょうか。皆さんきっとご存知でしょう。

（5） a. brunch
　　　b. smog
　　　c. heliport
　　　d. motel
　　　e. Oxbridge

正解は次の通りです。

（6） a. breakfast ＋ lunch → brunch（昼食兼用の遅い朝食）
　　　b. smoke ＋ fog → smog（スモッグ）
　　　c. helicopter ＋ airport → heliport（ヘリポート（ヘリコプター発着所））
　　　d. motor（自動車）＋ hotel → motel（モーテル（自動車旅行者の宿泊所））
　　　e. Oxford ＋ Cambridge → Oxbridge（オックスブリッジ（伝統ある名門大学としての Oxford 大学および（または）Cambridge 大学、歴史のある名門大学））

それでは、次の単語はどうでしょうか。

(7) a. flush（水などで洗い流す）
　　 b. spork（先割れスプーン）
　　 c. blook（ブログ本（ブログの内容を本として出版したもの））
　　 d. fantabulous（まったく素晴らしい、最高の）
　　 e. ginormous（とてつもなく大きい／多い）
　　 f. humongous（巨大な、途方もなく大きい）
　　 g. bridezilla（結婚式の準備に横柄に我を通そうとする女性）
　　 h. Bregret（英国の EU 離脱への後悔）

正解は次の通りです。

(8) a. flash（光をパッと発する）＋ gush（水などを大量に噴出させる）→ flush（水などで洗い流す）
　　 b. spoon（スプーン）＋ fork → spork（先割れスプーン）
　　 c. blog（ブログ）＋ book → blook（ブログ本）
　　 d. fantastic ＋ fabulous → fantabulous（まったく素晴らしい、最高の）
　　 e. gigantic ＋ enormous → ginormous（とてつもなく大きい／多い）
　　 f. huge ＋ monstrous ＋ tremendous → humongous（巨大な、途方もなく大きい）
　　 g. bride（花嫁）＋ Godzilla（ゴジラ）→ bridezilla（結婚式の準備に横柄に我を通そうとする女性）

h. Brexit（英国の EU 離脱）＋ regret（後悔）→ Bregret（英国の EU 離脱への後悔）

このコラムのタイトルの質問の答えは、(8b)に示したように、spork が spoon と fork からできたかばん語で、スプーンとフォークの両方を兼ね備えた「先割れスプーン」だというものです。皆さんも、先割れスプーンを見たことがおありでしょうし、実際に使っておられる方も多いと思いますが、それを英語で spork というのは面白いですね。

さらに(8)に説明を加えると、(8c)の blog（ブログ）は、weblog の短縮語です（本書のコラム④も参照）。(8d)の fantabulous や(8f)の humongous は、アメリカの俗語、(8e)の ginormous はイギリスの俗語です。なお(8f)の humongous は、上にあげた３つの単語からできていると考えられていますが、huge の hu- と、monstrous の mon- が合わさって humon- となり、それに huge の g がついて humong-、そして tremendous の -ous がついて humongous となる、特殊な合成過程を経ています。

(8g)の bridezilla は、上に示したように、bride と Godzilla の最後の部分が合わさってできたかばん語ですが、

この単語は、アメリカのテレビで 2004 年から 2013 年まで放映された Bridezilla という番組からきています。普通の女性が、結婚式の具体的計画が始まった段階で、夢の結婚式を最高のものにするため、我を通し、鬼のようになって結婚式の準備をするというものです。『ジーニアス英和辞典』には、bridezilla が見出語として登録されています。

（8h）の Bregret は、英国で 2016 年 6 月 23 日に、欧州連合（EU）から離脱することの是非を問う国民投票が行なわれ、離脱への賛成が過半数となりましたが、離脱へ投票したことを後悔する人たちが現われ、Brexit（ブレグジット）と regret を組み合わせてできました。なお、Brexit 自体もかばん語で、これは Britain（英国）と exit（離脱）から成り、英国が EU を離脱したことを示します。また、Bregret と同じ意味を表わすかばん語に、regret（後悔）と exit（離脱）を組み合わせた Regrexit（リグレジット）もあります。

ルイス・キャロル自身が作ったかばん語も見ておきましょう。

（9）a. chuckle（クスクス笑う）＋ snort（鼻を鳴らす）
→ chortle（満足げに笑う）
b. fuming（プンプン怒る：fume の現在分詞形）＋ furious（怒り狂った）→ frumious（いきりまくった、いら立ちまくった）

（9a）の chortle は、学習英和辞典にも載っており、ご存知の方も多いと思います。この単語は、まず最初に chuckle の ch- と snort の -ort が合わさって chort- となり、次に chuckle の -le がくっついて chortle となったものです。なかなか複雑な合成過程を経ていますね。一方、（9b）の frumious は、大型の英和辞典にもあがっておらず、ご存知でない読者も多いと思います。この単語は、fuming の fu- の間（つまり f と u の間）に furious の r が入って fru- となり、次に fuming の mi- がこれに続いて frumi- となり、最後に furious の -ous がくっついて frumious となったものです。かなり特殊な合成過程ですね。

　最後に日本語に立ち返って、次のかばん語の元の単語は何か考えてみましょう。

　（10）a. ゴジラ
　　　　b. 破く
　　　　c. 切手
　　　　d. イノブタ（猪豚）（【付記２】参照）
　　　　e. キャベジン
　　　　f. リンプー
　　　　g. （Mr）マリック
　　　　h. アラフォー

　これらがかばん語だと気づかない読者が多いかもしれませんが、正解は次の通りです。

　（11）a. ゴリラ ＋ クジラ → ゴジラ
　　　　b. 破る ＋ 裂く → 破く
　　　　c. 切符 ＋ 手形 → 切手
　　　　d. イノシシ ＋ ブタ → イノブタ（猪豚）
　　　　e. キャベツ ＋ ニンジン → キャベジン（胃薬の名前）
　　　　f. リンス ＋ シャンプー → リンプー（リンスとシャンプーが一緒に入ったもの）

g. マジック + トリック → （Mr）マリック（奇術師の名前）

h. アラウンド（around）+ フォーティー（forty）→ アラフォー（40歳前後の人）

「ゴジラ」（Godzilla）は、1954年公開の日本映画に登場した怪獣の名前ですが、（11a）に示したように、「ゴリラ」と「クジラ」が合わさってできたかばん語です。そして、このかばん語の最後の部分 –zilla が、（8g）では bride と合わさって新しいかばん語の bridezilla ができています。かばん語自体が別の単語と合わさって新しいかばん語を生み出しており、とても興味深く思えます。

　（11c）の「切手」は、「切符」と「手形」のかばん語ですが、この合成はそれぞれの単語の最初の部分が合わさってできています。（11h）の「アラフォー」も、「アラウンド」と「フォーティー」のそれぞれ最初の部分が合わさっています（【付記3】参照）。また、（11d）の「イノブタ」は、「イノシシ」の最初と「ブタ」全体が合わさってできており、（4）の「熱さまシート」と同じ合成過程です。

　このコラムで観察したかばん語以外に、日英語で他にどのようなかばん語があるか探してみると、きっとこれまで知らなかった単語に出会え、言葉の面白い一面に興味が湧くことと思います。

比較構文の謎（1）
— Kevin is as young as Meg. は なぜ二人が若いことを意味するか？ —

第8章

● 年令が同じか、それとも二人とも {年老いている／若い} のか？

まず、次の文を見てみましょう。

(1) a. Kevin is as {**old** / **tall**} as Meg.
　　b. Kevin is as {**young** / **short**} as Meg.

(1a) は、ケヴィンとメグの年令や身長が同じというだけで、二人が年をとっている (old) とか、背が高い (tall) と言っていないことは、誰にも明らかです。その証拠に、この文は次のような文脈で用いることができます。

(2) a. Kevin is as **old** as Meg, though they are both still **under age**.［under age：成年に達していない］
　　b. Kevin is as **tall** as Meg, though they are both quite **short**.

一方 (1b) は、二人の年令や身長が同じであると述べるだけでなく、二人とも若い、背が低いということを意味します。したがって、この文を次のような文脈で用いることは通常できません。

(3) a. *Kevin is as **young** as Meg, though they are both **over 80 years** old.

b. *Kevin is as **short** as Meg, though they are both **over 6 feet** tall.

普通、80歳以上の人は若いとはみなされず、身長6フィート（約183 cm）以上の人は背が低いとはみなされないので、(3a, b) は、前半と後半の文の意味が矛盾して不適格です。（ただ、話し手が、80歳以上の人もまだ若いと考えていたり、身長6フィート以上の人でも背が低いと考えているような文脈では、(3a, b) はユーモラスで適格な表現となります。）

(1a, b) は「同等比較構文」(A is as ... as B) ですが、次のような「優勢比較構文」ではどうでしょうか。

(4) a. Mike is {**older** / **taller**} than Sue.

b. Sue is {**younger** / **shorter**} than Mike.

(4a) は、マイクがスーより｛年上／背が高い｝と言っているだけで、(1a) と同様に、二人が年をとっているとか、背が高いと言っていないことは明らかです。(4b) は、(4a) の主語を逆にして言い換えたものです。ここでも、スーとマイクが若いとか、背が低いという意味合いはありません。その証拠に、(4b) を次のような文脈で用いても、何の問題もなく、適格な談話になります。

(5) a. Sue is **younger** than Mike, but both of them are **not young** any more.

b. Sue is **shorter** than Mike, but both of them are **over 6 feet** tall.

(1a) や (4a) の比較構文で、どうして old や tall の文字通りの

意味(以下で「絶対的意味」と呼びます)がないのでしょうか。(1b)では、young や short の絶対的意味があるのに、(4b)ではそれがないのはなぜでしょうか。本章ではこのような問題を明らかにしたいと思います。そして、old/young, tall/short, deep/shallow, thick/thin などの形容詞とは意味の点で異なると考えられる形容詞、たとえば kind/unkind, happy/unhappy, honest/dishonest, interesting/uninteresting などが比較構文で用いられる場合は、その絶対的意味が生じるかどうか、そしてそれはなぜなのかも考えたいと思います。

John is shorter than Mike.

● Old, tall は「一人二役」

Old, tall と同じ振る舞いをする形容詞を、その反意語とともに以下にあげてみましょう(【付記1】参照)。

(6)　**old** / young　　**tall** / short　　**old** / new　　**deep** / shallow
　　　high / low　　**long** / short　　**thick** / thin　　**wide** / narrow
　　　big / small　　**large** / little　　**strong** / weak　**bright** / dim

もうお気づきのことでしょう。これらの形容詞は、年令、身長、

深さ、高さ、長さ、厚さ、広さ、大きさ、強さ、明るさなどを表わす「尺度形容詞」(measure adjectives) です。そしてその尺度は、たとえば次のように表現されます。

(7) a. My sister will be 20 years {**old** / ***young**} next year.

b. Meg is five feet two inches {**tall** / ***short**}.

c. This lake is only 5 feet {**deep** / ***shallow**}.

d. This mountain is just 1,000 meters {**high** / ***low**}.

e. That dictionary is only two inches {**thick** / ***thin**}.

年令や身長、深さ、高さ、厚さなどの尺度を述べる場合、(7a-e) のように、その尺度がたとえ低くても、old, tall, deep, high, thick のような、(6) のペアーの左側の形容詞（つまり、尺度の上位の形容詞）が用いられ、(6) のペアーの右側の形容詞は用いられません。この場合、old は「年令が … の」、tall は「身長が … の」、deep は「深さが … の」、high は「高さが … の」、thick は「厚さが … の」という意味であり、「年とった、背が高い、深い、高さが高い、厚い」という絶対的意味ではありません。この点はご存知の通りです。

　したがって、たとえば old（および young）は、次のように図示できます。

(8)

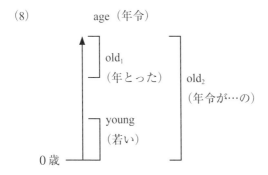

Old には、「年とった」という絶対的意味（old₁）と、尺度全体を示す「年令が…の」という意味（old₂）があり、後者は、名詞 age（年令）に対応する形容詞です。年令を表わす場合に、このように young ではなく、old が用いられることに関して、言語学では、old を「無標」(unmarked)（＝一般的で簡単なもの、規則的で予測のつくもの）、young を「有標」(marked)（＝一般的でなく、複雑で例外的なもの、不規則で予測のつきにくいもの）と呼んでいます。(6) のリストでは、左側の太字の形容詞が無標、右側の形容詞が有標で、尺度を表わす場合は、無標の形容詞が用いられます。

上記の点を次の規則として示しておきましょう。

(9) **尺度形容詞に課される談話法規則**：尺度形容詞を用いて人や物の尺度を述べたり、尺度を比較する場合は、無標の尺度形容詞を用いなければならない。

● (9) の談話法規則の意図的違反か、非意図的違反か？

以上から、(1a, b)（以下に再録）の表わす意味が説明できます。

（1） a.　Kevin is as {**old / tall**} as Meg.

　　 b.　Kevin is as {**young / short**} as Meg.

ケヴィンとメグの年令や身長の尺度が同じであることを述べるに
は、（9）の規則により、無標の尺度形容詞 old, tall を用いなけれ
ばなりません。（1a）は、話し手がこの規則に従っているので、
old, tall には「年とった／背が高い」という絶対的意味がありま
せん。一方（1b）では、話し手が（9）の規則に従わず、意図的
に有標の形容詞 young, short を用いています。つまり、比較構文
には無標の尺度形容詞を使わなければならないという（9）の談
話法規則があるにもかかわらず、話し手がその規則に意図的に違
反して、有標の尺度形容詞 young, short を用いているため、その
ペナルティーとして、有標形容詞の絶対的意味（若い／背が低い）
が生じることになります。

　それでは、（4a, b）（以下に再録）の優勢比較構文はどのように
説明されるのでしょうか。

（4） a.　Mike is {**older / taller**} than Sue.

　　 b.　Sue is {**younger / shorter**} than Mike.

（4a）が、マイクとスーが年をとっているとか、背が高いという
ことを意味しないのは、話し手が（9）の談話法規則に従ってい
るからですが、それでは（4b）で、話し手は有標の尺度形容詞
younger, shorter を用いているのに、どうしてこの文は、二人が若
いとか、背が低いということを意味しないのでしょうか。

　それは、人の年令や身長のような尺度の上下を述べる場合、話
し手が無標形容詞と有標形容詞のどちらを用いるかは、尺度の上
の人を主語にすれば older, taller を、尺度の下の人を主語にすれ

ば younger, shorter を用いなければならないという、構文法上の規則により、自動的に決まってしまい、話し手が意図的に選択できる事柄ではないためです。つまり、(1a, b)の同等比較とは異なり、(4a, b)の優勢比較では、話し手が有標の尺度形容詞を用いても、それは、比較構文に無標の尺度形容詞を用いよという (9) の談話法規則の意図的違反ではないため、その違反に対するペナルティーがなく、有標尺度形容詞の絶対的意味が生じないことになります。

上記の説明は、久野（1978: 39）等で提出された次の原則に基づいています。

(10) **談話法規則違反のペナルティー**：談話法規則の「意図的」違反に対しては、そのペナルティーとして、不適格性が生じるが、それの「非意図的」違反に対しては、ペナルティーがない。

この原則で説明できる現象については、久野（1978：第1章）、久野・高見（2015：第4章、2017：第2章）を参照ください。

● How 疑問文

有標／無標の尺度形容詞の違いとして、(7a-e)(e.g. My sister will be 20 years {old / *young} next year.) で述べたことに加え、How 疑問文をあげることができます。ご存知の通り、How 疑問文では、(9) の規則 (= 人や物の尺度には、無標の尺度形容詞を用いなければならない) により、無標の尺度形容詞が次のように用いられます。

(11) a. How **old** / **tall** is Dorothy?

　 b. How **high** / **old** is that building?

　 c. How **long** / **wide** is this river?

(11a) では、ドロシーの年令や背の高さを聞いているだけで、彼女が年をとっているとか、背が高いというような意味はもちろんありません。(11b, c) も同様です (【付記 2】参照)。

ここで、次のように有標の尺度形容詞が唐突に用いられると、話し手は (9) の規則に意図的に違反しているので、(10) の「談話法規則違反のペナルティー」により、不適格となります。

(12) a. *How **young** / **short** is Dorothy?

　 b. *How **low** / **new** is that building?

　 c. *How **short** / **narrow** is this river?

たとえば (12a) は、ドロシーが若い／背が低いと言われて、「それではどれぐらい若いのか／低いのか」と聞き返すような場合に限って容認されます (Quirk et al.(1985: 472, Note (a)) 参照)。

● Heavy / light も尺度形容詞か？

　（6）の尺度形容詞のリストにどうして heavy / light が入っていないのか、と疑問に思っておられる方も多いのではないでしょうか。ある物の重さを尋ねる際に、How 疑問文に次のように heavy を用い、その反意語の light は用いられないので、heavy / light も尺度形容詞で、heavy が無標、light が有標だと思われるかもしれません。

　（13）How **heavy** / ***light** is this suitcase?

　しかし、（7a-e）のような尺度を表わす表現が適格なのに対し、heavy は、次のように尺度を示す名詞句と一緒には用いられません。

　（14）a. *This suitcase is only 10 kilos **heavy**.
　　　　b. *I'm 150 pounds **heavy**.

（14a, b）の意図する意味は、次のように動詞 weigh を用いて表現されます。

　（15）a.　This suitcase **weighs** only 10 kilos.
　　　　b.　I **weigh** 150 pounds.

したがって、heavy / light を尺度形容詞に含めるのは妥当でなく、むしろこれらの形容詞は、尺度形容詞ではないと考えるのが適切です。そのため、（6）の尺度形容詞のリストには heavy / light が入っていません。

● 「評価形容詞」だとどうなる？

それでは次に、(16) のような形容詞を考えてみましょう。

(16) happy / unhappy   kind / unkind   honest / dishonest
     bright / dumb   brave / cowardly   generous / stingy
     experienced / inexperienced   interesting / uninteresting

これらの形容詞は、話し手の人や物に対する評価を表わすもので、「評価形容詞」(evaluative adjectives) と呼ぶことができます (Quirk et al. (1985) 参照)。たとえば、人が幸せかどうか、親切かどうかなどは、多分に話し手の主観的判断に基づいており、客観的な尺度で測定することができません。つまり、尺度形容詞は、数値を用いて (7a-e) のような客観的表現ができますが、評価形容詞はそのようには表現できません。その点で、(16) の評価形容詞は、(6) の尺度形容詞と大きく異なります。

ここで、happy と unhappy を例にとって図示すると、次のようになります。

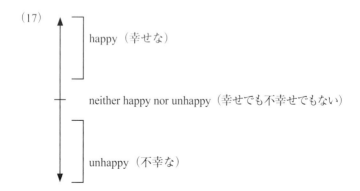

Happy, unhappy と一口に言っても、それらは段階があるので、その点は、（8）の old, young の絶対的意味を表わす図と同じです。ただ、年令の場合は客観的な尺度のため、0歳を基点にして矢印が一方向に伸び、その下の方が young, 上の方が old になりますが、happy と unhappy の場合は、幸せでも不幸せでもない状態を基点にして、矢印が上下両方向に伸びます。そして、上に行けば行くほど happy, 下に行けば行くほど unhappy となります。（8）と（17）の図の大きな違いは、happy や unhappy には old_2 に相当する無標の用法がなく、絶対的意味の「幸せな／不幸な」という意味しかないという点です。

　それではまず、次の同等比較構文から考えてみましょう。

(18) a.　Kevin is as {**happy** / **kind**} as Meg.

　　 b.　Mike is as {**unhappy** / **unkind**} as Sue.

（18a）は、ケヴィンとメグの幸せの程度や親切さの程度が同じであると述べるだけでなく、二人とも {幸せ／親切} であると述べています。そして、happy, kind の反意語が用いられた（18b）は、マイクとスーがともに {不幸／不親切} であると述べています。つまり、評価形容詞が同等比較構文で用いられると、反意関係にあるどちらの形容詞を選んでも、その絶対的意味が生じます。

　この点は、次のような文が不適格であることから裏づけられます。

(19) a.　　＊Kevin is as **happy** as Meg, though they are both quite **unhappy**.(cf. 2b)

　　 b. ??/＊Kevin is as **kind** as Meg, but **neither** of them is especially **kind**.

160

   c. ??/***Neither** Kevin **nor** Meg is particularly **happy**, but I'd
      have to say that Kevin is as **happy** as Meg.

（19a）の最初の文は、ケヴィンとメグがともに幸せであることを
意味するため、次の文で二人ともまったく不幸だと言うと、両者
が矛盾するので不適格です。二人とも不幸なら、絶対的意味が生
じる（18b）のように、Kevin is as **unhappy** as Meg. と言わなけれ
ばなりません。さらに（19b, c）でも、同等比較構文がケヴィン
とメグがともに｛親切／幸せ｝であることを意味するため、二人
が（あまり）｛親切／幸せ｝でないと言うと、矛盾が生じるので
不適格です。

　それではどうして、評価形容詞が同等比較構文で用いられる
と、その絶対的意味が生じるのでしょうか。それは、happy/un-
happy, kind/unkind で、どちらの形容詞にも、尺度形容詞で観察し
たような無標形容詞の用法がなく、それぞれの形容詞は絶対的意
味しか持っていないからです。したがって、話し手は、評価形容
詞の場合は、尺度形容詞に課される（9）のような談話法規則が
ないので、happy と unhappy のどちらを用いるかは、自分の意図
的選択ということになります。そして、意図的に happy を用いれ
ば、その絶対的意味が生じて二人が幸せであることが示され、意
図的に unhappy を用いれば、その絶対的意味が生じて二人が不幸
せであることが示されます（【付記3】参照）。

● 評価形容詞の優勢比較構文

　それでは、次のような優勢比較構文を考えてみましょう。

（20）a.　Meg is **{brighter / kinder / happier / braver}** than Kevin.

b.　Meg is more {**honest** / **experienced**} than Kevin.

　　c.　John is more **generous** than Kate.

　　d.　This book is more **interesting** than that one.

（20a）は、メグがケヴィン<u>より</u> {頭がいい／親切だ／幸せだ／勇敢だ} と述べていますが、同時に<u>二人とも</u> {頭がいい／親切だ／幸せだ／勇敢だ} ということも意味するのでしょうか。（20b-d）でも同様のことが言えるのでしょうか。

　答えは「ノー」です。なぜなら、同等比較構文で観察した（19b, c）が不適格なのとは対照的に、次のような文はまったく適格だからです。

　（21）a.　**Neither** Kevin **nor** Meg is especially {**bright** / **kind**}, but I'd
　　　　　have to say that Meg is a little {**brighter** / **kinder**} than
　　　　　Kevin.

　　　　b.　**Neither** Kevin **nor** Meg is particularly {**happy** / **brave**}, but
　　　　　of the two of them, Meg is {**happier** / **braver**} than Kevin.

　　　　c.　**Neither** Kevin **nor** Meg is particularly {**experienced** / **hon-
　　　　　est**}, but of the two of them, Meg is more {**experienced** /
　　　　　honest} than Kevin.

（21a-c）で、ケヴィンとメグの二人は、ともに（あまり）頭がよくなかったり、親切でないのに、メグの方がケヴィンより少し {頭がいい／親切だ} のように言えるわけですから、優勢比較構文では、評価形容詞の絶対的意味が生じないということになります。

　それでは、これはなぜでしょうか。次の図で考えてみましょう。たとえば（21a）で、ケヴィン（K）とメグ（M）は（あまり）親切ではないので、二人の親切さの程度が、それぞれ次の位置にあ

るとしましょう。

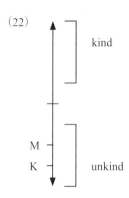

話し手は (22) の状況で、メグとケヴィンの親切さの程度を比較しており、メグの方がより親切なので、メグを主語にすれば自動的に kinder を使わざるを得ず、反意語の unkind は現われようがありません。つまり、kind の選択は、主語をどちらにするかという構文法的理由によって決まり、話し手の意図的な選択ではありません。同等比較構文で評価形容詞が用いられる場合は、反意語ペアーのどちらを使うかは、話し手の意図的選択のため、その形容詞の絶対的意味が生じましたが、優勢比較構文で評価形容詞が用いられる場合は、反意語ペアーのどちらを使うかは、主語の選択という構文法的理由によって決まり、話し手の意図的選択ではないので、その形容詞の絶対的意味が現われないというわけです。

● Beautiful, attractive はどうか？

次の文を見てみましょう。

（23）a. ***Neither** this Persian carpet **nor** that Indian one is particularly **beautiful**, but of the two of them, the Persian one is **more beautiful** than the Indian one.

b. **Neither** this Persian carpet **nor** that Indian one is particularly **attractive**, but of the two of them, the Persian one is **more attractive** than the Indian one.

Beautiful と attractive は、どちらも「美しい」とか、「魅力的な」という、同様の意味を表わすように思えますが、beautiful を用いた（23a）は不適格で、attractive を用いた（23b）は適格です。（23a, b）は、（21a-c）と同じタイプの文なので、（23b）の適格性は、優勢比較構文で評価形容詞の絶対的意味が生じないという前節の主張に合致していますが、（23a）の不適格性は、この主張に反します。したがって、This Persian carpet is **more beautiful** than that Indian one. は、まず２つのカーペットがともに beautiful であり、その上でペルシャ・カーペットの方がインド・カーペットより一層 beautiful であると述べていることになります。Attractive と beautiful でどうしてこのような違いが生じるのでしょうか。前節の主張は、どうして beautiful には当てはまらないのでしょうか。

　この違いは、attractive は、beautiful ほどの美しさは表わさないことに起因しています。*Longman Dictionary of Contemporary English for Advanced Learners*（6ᵗʰ edition, 2014）は、attractive を 'pleasant to look at' と定義しているのに対し、beautiful を '<u>very</u> pleasant to look at'（下線は筆者）と定義し、pleasant to look at に very をつけています。つまり、「美しさ」のスケールで次のように示すことができ、beautiful は、そのスケールのたとえばトップ５％の部分のみを表わすということになります。

(24) 「美しさ」のスケール

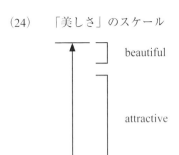

したがって、attractive は、前節で考察した kind, honest, happy, brave 等と同様で、ゼロから100%までの連続的スケールがある形容詞ですが、beautiful は、程度（段階）はあるものの、「美しさ」のスケールのほんのわずかな上位部分のみを表わす形容詞であると言えます。したがって、このような形容詞を優勢比較構文で用いると、たとえば上位5％の範囲内（(24)の図を参照）での比較なので、その絶対的意味が示されることになります。よって、(23a) は、第1文でこのペルシャ・カーペットとあのインド・カーペットがともに（あまり）beautiful ではないと言っているので、This Persian carpet is more beautiful than that Indian one. が示す意味（2つのカーペットはともに beautiful である）と矛盾し、不適格と判断されます。

● Brilliant / bright も beautiful / attractive と同じ振る舞い

Beautiful と attractive の対比は、次の例でも同様に観察されます。

第8章 比較構文の謎（1） 165

(25) a. ***Neither** Tom **nor** Bill is particularly {**brilliant** / **outstanding** / **exceptional**}, but of the two of them, Tom is **more** {**brilliant** / **outstanding** / **exceptional**} than Bill.

　　b. **Neither** Tom **nor** Bill is particularly {**bright** / **smart** / **intelligent**}, but of the two of them, Tom is {**brighter** / **smarter** / **more intelligent**} than Bill.

Brilliant, outstanding, exceptional と bright, smart, intelligent は、いずれも「優秀な」とか、「頭がいい」という、同様の意味を表わすように思えますが、前者の形容詞を用いた（25a）は不適格で、後者の形容詞を用いた（25b）は適格です。したがって、Tom is **more** {**brilliant** / **outstanding** / **exceptional**} than Bill. は、まずトムとビルがともに brilliant 等であり、その上でトムの方がビルより一層 brilliant 等であると述べていることになります。

　Brilliant, outstanding, exceptional と bright, smart, intelligent でどうしてこのような違いが生じるのか、もうお分かりのことでしょう。Bright, smart, intelligent は、brilliant, outstanding, exceptional ほどの優秀さは表わさないからですね。*Oxford Advanced Learner's Dictionary*（9th edition, 2015）は、bright, smart を 'intelligent' と定義し、intelligent を 'good at learning, understanding and thinking in a logical way about things' と定義しているのに対し、brilliant を 'very intelligent or skillful', outstanding を 'extremely good; excellent', exceptional を 'unusually good'（下線は筆者）と定義しています。（*Longman Dictionary of Contemporary English for Advanced Learners*（6th edition, 2014）も同様です。）つまり、「優秀さ」のスケールで次のように示すことができ、brilliant, outstanding, exceptional は、そのスケールのたとえばトップ5％の部分のみを表わすということになります。

(26) 「優秀さ」のスケール

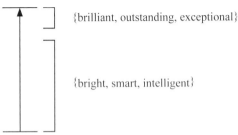

したがって、bright, smart, intelligent は、ゼロから 100% までの連続的スケールがある形容詞ですが、brilliant, outstanding, exceptional は、「優秀さ」のスケールのほんのわずかな上位部分のみを表わす形容詞であると言えます。よって (25a) は、第 1 文でトムとビルがともに（あまり）brilliant, outstanding, exceptional ではないと言っているので、Tom is more {brilliant / outstanding / exceptional} than Bill. が示す意味（トムとビルはともに {brilliant, outstanding, exceptional} である）と矛盾し、不適格と判断されます。

● 他の形容詞は？

Beautiful や brilliant のように、'extremely ...' の意味を表わす形容詞として、他にたとえば glorious, awesome, amazing, terrific などがあります。*Longman Dictionary of Contemporary English for Advanced Learners* (6th edition, 2014: 793) の「類義語解説」(thesaurus) では、'good' を表わす形容詞として、**attractive**, nice, neat, impressive, fine などをあげ、'extremely good' を表わす形容詞として、excellent, superb, great, wonderful, terrific, fantastic, **brilliant**, amazing, incredible, **beautiful**, glorious, **outstanding**, first-class, **exceptional**（太

字は筆者）などをあげています。したがって、beautiful, brilliant の場合と同様に、次のような文は、優勢比較構文で用いられる形容詞の絶対的意味が生じ、不適格となります。

(27) a. ***Neither** today's weather **nor** yesterday's is particularly **glorious**, but I'd have to say that today's weather is **more glorious** than yesterday's.

b. ***Neither** this movie **nor** that one is particularly **awesome**, but of the two of them, this movie is **more awesome** than that one.

一方、interesting や nice のような形容詞が用いられている次の優勢比較構文は、attractive や bright, kind, honest, happy 等の場合と同様に、形容詞の絶対的意味が生じず、適格です（(21a-c) を参照）。

(28) a. **Neither** this movie **nor** that one is particularly **interesting**, but of the two of them, this movie is **more interesting** than that one.

b. **Neither** today's weather **nor** yesterday's is particularly **nice**, but I'd have to say that today's weather is **nicer** than yesterday's.

Beautiful, brilliant, glorious, excellent, awesome のような形容詞と、attractive, bright, nice, kind, honest, interesting のような（通常の）形容詞の間に、上記のような程度の違いがあるという事実は、とても興味深いことと思われます（【付記４】参照）。

● How 疑問文に関する補足

最後に、本題からは逸れますが、How 疑問文に関して補足します。(11a-c) で述べたように、人の年令、身長、物の高さ・長さ・深さ・厚さ・大きさ、さらにある地点から別の地点までの距離などを尋ねる場合、無標の形容詞や副詞を How 疑問文に用いて次のように表現します。

(29) a.　How {**old** / **tall**} are you?

　　 b.　How {**high** / **long** / **deep** / **thick** / **big**} is it?

　　 c.　How **far** is it from here to the station?

しかし面白いことに、人の体重を尋ねるときは、次の (30a) のようには言わず、(30b) が用いられます (# は、その文が文法上問題はないものの、慣習的に用いられないことを示します)。

(30) a. #How **heavy** are you?

　　 b.　**How much** do you **weigh**?

文法的には正しくても、母語話者がどうして (30a) を用いないか、もうお分かりでしょう。How heavy と言うと、相手が太っていて、heavy であることを暗に示唆してしまうからですね。この点からも、「Heavy/light も尺度形容詞か？」の節で述べたように、heavy は尺度形容詞ではないことになります。このように、相手に失礼で、差し障りのある表現は、その使用が控えられます (【付記5】参照)。また、物の値段を尋ねるときにも、(31a) は用いられず、(31b) のように表現されます。

第8章　比較構文の謎（1） 169

（31）a. #How **expensive** is it?

b. **How much** is it? / **How much** does it **cost**?（【付記 6 】参照）

Taylor（2012: 100-101）は、次のような文も、文法的には正しいものの、母語話者が用いない表現であると指摘しています。

（32）a. #What is your age?（cf. 29a）

b. #What is your height?（cf. 29a）

c. #What is its length?（cf. 29b）

d. #What is the distance from here to the station?（cf. 29c）

e. #What is the price?（cf. 31b）

つまり、母語話者は、文法的に正しい文ならどれでも用いるわけではなく、母語話者が慣用的に用いる特定の表現があるということを Taylor は強調しています。この点は、私たち日本人が英語を学習する際に留意しておかなければならない点です。

● 結び

本章では、次のような比較構文で、用いられている形容詞の絶対的意味が生じるかどうかを考察しました。その形容詞の選択が、話し手の意図的選択であれば「意図的」、そうでなければ「非意図的」と示し、そのあとに、絶対的意味が発生するか否かを、「絶対的意味有り / 絶対的意味無し」で示します。

（1）a.　Kevin is as {**old / tall**} as Meg.［非意図的　絶対的意味無し］

b.　Kevin is as {**young / short**} as Meg.［意図的　絶対的意

味有り〕

(4) a. Mike is {**older / taller**} than Sue.〔非意図的　絶対的意味無し〕

b. Sue is {**younger / shorter**} than Mike.〔非意図的　絶対的意味無し〕

尺度形容詞の場合は、尺度を比較する際に、無標の尺度形容詞を用いなければなりません（＝(9) の談話法規則）。話し手は (1a)，(4a) でこの規則に従っているため、形容詞の絶対的意味は生じません。一方 (1b) では、話し手がこの規則に違反して、意図的に有標の尺度形容詞を用いているため、その絶対的意味が生じます。(4b) でも有標の尺度形容詞が用いられていますが、優勢比較の場合は、主語の選択という構文法上の理由で形容詞が決まり、話し手の意図的選択ではないので、絶対的意味が生じません。
　次に、評価形容詞の場合です。

(18) a. Kevin is as {**happy / kind**} as Meg.〔意図的　絶対的意味有り〕

b. Mike is as {**unhappy / unkind**} as Sue.〔意図的　絶対的意味有り〕

(20) a. Meg is {**brighter / kinder / happier / braver**} than Kevin.〔非意図的　絶対的意味無し〕

b. Meg is more {**honest / experienced**} than Kevin.〔非意図的　絶対的意味無し〕

評価形容詞の場合は、無標形容詞の用法がなく、絶対的意味しかないので、同等比較構文での形容詞の使用は、話し手の意図的選択です。よって、その絶対的意味が生じます。一方、優勢比較で

は、反意語ペアーのどちらの形容詞を使うかは、主語を比較対象のどちらにするかという構文法上の理由で決まり、話し手の意図的選択ではないので、絶対的意味が生じません。

　本章では、評価形容詞の中でも、beautiful, glorious, brilliant, awesome のような、'extremely ...' の意味を持ち、たとえば「美しさ」のスケールで、ほんのわずかな上位部分（たとえば上位5％）のみを表わす形容詞があることを指摘しました。そして、これらの形容詞が優勢比較構文で用いられると、スケール状の上位部分の範囲内での比較なので、その絶対的意味が生じることを示しました。

比較構文の謎（2）
— 比較構文 than 節の中の
am, is, are の縮約形（'m, 's, 're）—

第9章

　本章ではまず、I'm sad, more than **I'm** angry. の than 節では、I am が I'm に縮約できるが、*I'm sadder than **I'm** angry. の than 節では、I am が I'm に縮約できないという Bresnan（1973）の分析を概観します。そして、この分析には致命的な欠陥があることを指摘し、私たちの分析を提示します。

● Bresnan（1973）の問題提起

Bresnan（1973）からの次の文を見てください。

(1) a.　I am sad, more than **I am** angry.
　　b.　I'm sad, more than **I'm** angry.
(2) a.　（I'm both angry and sad, but）I'm sadder than **I am** angry.
　　b.　（I'm both angry and sad, but）*I'm sadder than **I'm** angry.

(1b) の than 節には、I am の縮約形 I'm が現われていますが、この文は、適格文です。他方、(2b) の than 節にも、I am の縮約形 I'm が現われていますが、(2b) は Bresnan の判断では不適格文です。

　Bresnan はこの謎を、次の例を用いて、現在時制の助動詞の縮約形は、削除サイト（＝ある要素が削除された跡）の直前には起こり得ない、という制約に起因させようと試みます（【付記１、２】参照）。

(3) a. Mary's happy about her work, and **John's** happy about his children.

b. *Mary's happy about her work, and **John's** ___ about his children.

c. Mary's happy about her work, and **John is** ___ about his children.

（3a）と同義の文として、（3c）は適格文ですが、（3b）は不適格文です。なぜなら（3b）では、削除された happy の直前で助動詞的 is の縮約が起こっているからです。したがって Bresnan は、次の（4a）には、解釈 A と解釈 B の 2 つがあるが、（4b）には解釈B しかない、と述べています。

(4) a. Mary is happy with her work, and **John is** with his children.

解釈 A：メアリーは、仕事に満足している、そしてジョンは、子供たちに満足している。（is のあとに happy の削除サイトがある文）

解釈 B：メアリーは、仕事に満足している、そしてジョンは、子供たちと一緒に住んでいる。（is のあとに削除サイトがない文）

b. Mary's happy with her work, and **John's** with his children.

解釈 B のみ

（4b）では、（4a）の John is が John's と縮約されているので、解釈 A はなく、解釈 B のみです。なぜなら、解釈 A の John is happy with his children. だと、happy が削除されて、その直前で John's の縮約が起こっていることになりますが、（3b）で見たように、この縮約は許されないからです。

第9章 比較構文の謎（2）175

　Bresnan の上記の考察に異議はありませんが、ここで留意して
おかなければならないことは、（3）で問題としているのは、hap-
py という実在している要素の削除サイトである、ということで
す。つまり、（3a）と同義の（3b, c）には、第2文の John's, John
is のあとに happy という形容詞が紛れもなく削除されています。

● Bresnan の（1b）と（2b）の説明

　さて、Bresnan は、（2a）（= I'm sadder than **I am** angry.）が次の
深層構造を持っているものと仮定します。

（5）　I am **-er much** sad than I am **x much** angry.

この深層構造の表わす意味は、「私は、私が怒っている度合い x
much よりも大きい度合い（-er much）で悲しんでいる」です。こ
の深層構造から表層構造が派生する過程で、<u>仮説的な x much が
仮説的に削除され</u>、（6）の中間構造が派生します（中間構造は、
表層文と区別するために、【　】で囲んで示します）。

（6）　【I am **-er much** sad than I am ＿＿ angry】

この中間構造で、than 節の am は、削除された x much の直前に
現われているので、縮約化規則が適用されず、（2b）（= *I'm sad-
der than **I'm** angry.）が不適格になる、というのが Bresnan の説明
です。（なお、（6）の -er much は、表層構造で sad と一緒になり、
sadder となります。）
　一方 Bresnan は、（1a）（= I am sad, more than **I am** angry.）が、（7）
の深層構造を持っているものと仮定します。

（7）　I am sad **-er much** than I am angry **x much**.

Bresnan によれば、この構造の -er much ... は、I am sad の後ろからその節を修飾する副詞表現です。この主張は、than 節の x much が angry の前に位置せず、その後ろに位置していることから言って、納得のいく仮定です。この深層構造から表層文が派生する過程で、x much 削除が適用され、次の中間構造が派生します。

（8）　【I am sad **-er much** than I am angry ＿＿＿】

この中間構造で、削除された x much は、angry の直後であり、am の直後ではないので、縮約化規則が任意に適用され、（1b）（=I'm sad, more than **I'm** angry.）は適格である、というのが Bresnan の説明です。なお、（8）の中間構造の -er much は、表層構造で more に変換され、（1a, b）（=I am sad, **more** than **I am** angry. / I'm sad, **more** than **I'm** angry.）が派生します。

　次節へ進む前に、Bresnan の（2b）と（1b）（以下に再録）の説明をまとめておきます。

（2）　b. *I'm sadder than **I'm** angry.
　　　　　深層構造：I am **-er much** sad than I am **x much** angry.（=5）
　　　　　中間構造：【I am **-er much** sad than I am ＿＿ angry】（=6）
　　　　　説明：than 節中の am が、削除された仮説的 x much の
　　　　　　　　直前なので、I'm の縮約ができず、（2b）は不適格。
（1）　b. I'm sad, more than **I'm** angry.
　　　　　深層構造：I am sad **-er much** than I am angry **x much**.（=7）
　　　　　中間構造：【I am sad **-er much** than I am angry ＿＿＿】（=8）
　　　　　説明：than 節中の am が、削除された仮説的 x much の

直前ではないので、I'm の縮約ができ、(1b) は
適格。

これらの説明から明らかなように、不適格な (2b) と適格な (1b)
の違いは、深層構造で am が仮説的 x much の直前に現われてい
るかどうかに依存しています。

● Bresnan の分析に対する反例

(2b) がなぜ不適格であるかについての上記の Bresnan の説明
— 仮説的な x much の削除が、実在する要素（たとえば (3a) の
happy）の削除と同じ振る舞いをして、先行する am の縮約をブ
ロックするという説明 — には、致命的な欠陥があるように思わ
れます。なぜなら、次の (b) 文のように、(2b) と同じパターン
でも、適格な文があるからです（(9a, b) の Bill, Tom は強勢を伴っ
て発音されるので、大文字で示します）。

(9) a. Jane is more annoyed with BILL than **she is** upset with
       TOM.

    b. Jane's more annoyed with BILL than **she's** upset with TOM.
       「ジェインは、トムに怒っているよりも、ビルにより
       腹を立てている。」

(10) a. She is more at ease with the old, overweight me than **she is**
        comfortable with the new thin me.

     b. She's more at ease with the old, overweight me than **she's**
        comfortable with the new thin me.
        「彼女は、今の痩せた私を心地よく思うよりも、昔の
        太り過ぎの私の方により安心感を持っている。」

（11）a. John is more absorbed in pursuing his business than **May is** interested in the future of their children.

b. John's more absorbed in pursuing his business than **Mary's** interested in the future of their children.
「（ジョンとメアリー（夫婦）では）メアリーが彼らの子供たちの将来に興味を持つよりも、ジョンは自分の仕事を推し進めることにより熱中している。」

（12）a. Jane is more embarrassed with what she has accomplished than **Tom is** bewildered with what little he has achieved.

b. Jane's more embarrassed with what she's accomplished than **Tom's** bewildered with what little he has achieved.
「トムが、自分の成し遂げたことがいかに小さいかに当惑しているよりも、ジェインは、自分が成し遂げたことにより恥ずかしい思いをしている。」

（13）a. Jane is madder at Bill than **she is** fed up with his brother.

b. Jane's madder at Bill than **she's** fed up with his brother.
「ジェインは、ビルの兄に嫌気がさしているよりも、ビルにより腹を立てている。」

（14）a. Jane is more familiar with the work she does than **I am** experienced in the work I do.

b. ok/?/??/* Jane is more familiar with the work she does than **I'm** experienced in the work I do.
「私が自分のやる仕事に熟達しているよりも、ジェインは、彼女がやる仕事により精通している。」

Bresnan の上記の説明に従えば、（9b）−（13b）の than 節では、縮約された 's と後続する形容詞の間に x much が存在することになり、それが削除されているので、これらの文がすべて不適格と

予測されます。（2b）と（9b）−（13b）をともに不適格と判断する母語話者もいますが、（2b）は不適格、（9b）−（13b）は適格と判断する母語話者もいます。また、（14b）のように、母語話者の適格性判断が、適格、やや不自然、不自然、不適格と多岐にわたるものもあります。もし Bresnan の主張するように、than 節中の x much の削除のみが縮約形の可否を決める要因なら、適格性に関するこのような判断の違いはないはずです。

　Bresnan の仮説にとってさらに致命的なのは、（2b）（＝ I'm sadder than I'm angry.）を適格と判断する母語話者もいるということです。この事実は、（9b）−（13b）を適格と判断する母語話者もいる、という事実と合わせて、形容詞比較構文の Bresnan の仮説を根底から覆すものです。この仮説では、x much 削除規則は、機械的に適用される義務的統語規則で、母語話者の間に適格性判断の違いを許す余地がありません。形容詞比較構文の than 節中の、is, am, are の縮約形使用条件の究明には、母語話者の適格性判断に関する違いを許すモデルが必要です。

● 比較構文の than 節と動詞句省略

　『謎解きの英文法 — 省略と倒置』（2013a）の第5章で、動詞句省略規則を（15),（16）の例文を使って（17）のように規定しました。

（15）Speaker A: （病気の相手に）Can you eat?

　　　Speaker B: a.　Yes, I can eat.

　　　　　　　　　b.　Yes, I can ___.（___ = eat）

（16）Speaker A: Can you eat beef?

　　　Speaker B: a.　Yes, I can eat beef.

b.　Yes, I can ___.(___ = eat beef)
　　　c. *Yes, I can ___ beef.(___ = eat)

（17）**動詞句省略規則**：助動詞のあとの復元可能な不定動詞句
　　　　　　　　　　を省略する規則

（15Ba）の eat は自動詞で、それ自体で動詞句を形成するので、
それに動詞句省略規則を適用することができます。したがって、
（15Bb）は適格文です。他方、（16Ba）の eat は他動詞で、目的語
の beef と一緒になって動詞句（VP）を形成するので、eat 自体で
は動詞句を形成しません。したがって、eat のみを省略した（16Bc）
は不適格です。
　次の（18b）の派生にも動詞句省略規則が関係しています。

（18）a.　John eats sashimi, and Mary eats sashimi, too.
　　　b.　John eats sashimi, and Mary does ___ , too.(___ = eat
　　　　　sashimi)

現在形、過去形の動詞、たとえば、eats, ate は、深層構造で、助
動詞 do（does）, did + 不定動詞 eat という構造を持っているもの
と仮定できます。したがって、（18a）の John と Mary のあとの
eats sashimi は、does eat sashimi という「助動詞＋動詞句」という
構造を持っていることになります。この 2 番目の does eat sashimi
に動詞句省略規則を適用すれば、（18b）が派生します。ここで仮
説的に設定した does は、強調文（e.g. Mary DOES eat sashimi.）、
疑問文（e.g. Does Mary eat sashimi?）ではそのままの形で、表層
文に現われます。さもなくば、それは、後続する不定動詞と一緒
になって、定形動詞（eats, ate など）を形成します。

動詞句省略規則は、助動詞的 be 動詞のあとの形容詞句、名詞句にも適用します。

(19) a. John is studying now and Bill is studying now, too.
   b. John is studying now, and Bill is ___ , too.(___ = studying now)
(20) a. John is happy, and Bill is happy, too.
   b. John is happy, and Bill is ___ , too. (___ = happy)
(21) a. John is a good man, and Bill is a good man, too.
   b. John is a good man, and Bill is ___ , too.(___ = a good man)

(20b), (21b) パターンの be 動詞に後続する形容詞句、名詞句の省略条件は、(19b) の助動詞的 be 動詞に後続する動詞句の省略パターンと同じです。したがって、(20b), (21b) も、動詞句省略規則が適用して派生するものと想定し、これらの述部が次のような構造を持っているものと仮定しましょう。

(22)

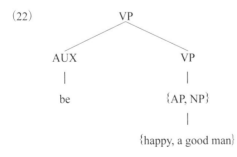

さて、比較構文の than 節の中では、動詞句省略規則が不思議な振る舞いをします。次の文を見てください。

(23) a.　John loves Mary more than Bill loves Jane.

　　 b.　John loves Mary more than Bill does ＿＿ Jane.（＿＿ = love）

（16A）（=Can you eat beef?）の質問に対して、他動詞の eat だけ
を省略して、（16Bc）（=*Yes, I can ＿＿ beef.）のようには答えら
れませんでした。しかし（23b）でも、他動詞の love だけが省略
されているのに、この省略は適格です。一体これはどうしてで
しょうか。

　さらに、次の文を見てください。

(24) a.　John loves Mary more than Bill loves her.

　　 b. *John loves Mary more than Bill does ＿＿ her.

（24b）は、（23b）と異なり、不適格です。（23b）と（24b）の違
いは、than 節の目的語が Jane か her かの違いです。そしてこれは、
（23b）の than 節の目的語 Jane が、主文の目的語 Mary と比較対
照され、<u>強調された要素</u>であるのに対して、（24b）の than 節の
目的語 her は、主文の目的語 Mary を指す代名詞であり、<u>何の強
調も受けない要素</u>であるという違いです。この観察から、次の仮
説を立ててみましょう。

(25) **比較対照要素繰り上げ規則**：比較構文の than 節の動詞句
　　　末の、比較対照の強調を受ける要素は、その動詞句から
　　　繰り上げられて、上位節点に付加される。

第9章 比較構文の謎（2） 183

(26)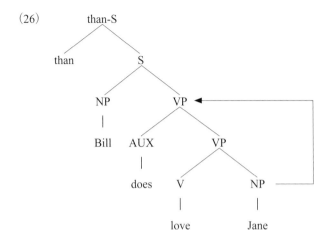

比較対照要素繰り上げ規則が、(23a) の than 節 (than-S = than Bill does love Jane) の Jane に適用されると、(27) の中間構造が派生します。

(27) ... 【than Bill [VP does [VP love ___] Jane]】

他動詞のため、それ自体では動詞句を形成しなかった love は、比較対照要素繰り上げ規則の Jane への適用によって目的語を失い、それ自体で動詞句を形成することになります。したがって、(27) の [VP love ___] に動詞句省略規則が適用されて、適格文 (23b) が派生します。

一方、(24a) の than 節 (=than Bill loves her) では、目的語が代名詞の her で、強調を受けない要素のため、比較対照要素繰り上げ規則が適用されません。そのため、(24b) (=*John loves Mary more than Bill does ____ her.) は、動詞句 (love her) ではなく、

動詞 love のみが省略されているので、不適格となります。

さて、問題の (2b) (= *I'm sadder than I'm angry.) の angry は、主文の sad と比較対照され、強調されている形容詞です。したがって、比較対照要素繰り上げ規則が適用されて、中間構造 (28) が派生します（樹形図も合わせて示します ― 樹形図の複雑化を避けるため、x much のように、意味解釈にのみ必要な仮説的要素は、深層構造で、意味解釈規則を適用したのち、痕跡を残さず削除されるものと想定します）。

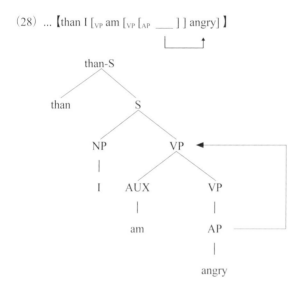

(28) ... 【than I [VP am [VP [AP ___]] angry] 】

ここで私たちは、「is, am, are の縮約が削除サイトの直前では起きない」という一般化に関して、その削除サイトが、x much のような仮説的要素ではなく、派生過程で実在する単語（たとえば (20) の場合 happy）、およびその上位節点である場合に限って成立すると考えます。そうすると、(28) の助動詞的 am は、削除

サイト＿＿（つまり、AP（形容詞句）・VP（動詞句）のangryがその上位節点のVPに繰り上げられた結果、空となった下位のVP・AP）の直前に現われているので、助動詞的amの縮約規則が適用できず、(2b)が不適格と判断されるというのが、私たちの分析です。この分析では、(2b)を適格と判断する少数派の母語話者（私たちのごく限られた調査では、少なくとも10%の母語話者）は、比較対照要素繰り上げ規則を、義務的に適用しなければならない規則とはみなしていない話し手です。このタイプの話し手は、(9b)-(13b)も、適格と判断します。この規則適用の引き金となるのは、<u>比較構文のthan節の形容詞が主文の形容詞と比較対照され、強調されているか否か</u>という、統語的ではなく、意味的な判断によるものなので、(2b)のangryに繰り上げ規則を適用するかしないかに、個人の選択が介入しても不思議ではありません。他方、Bresnanのx much削除は、純粋に仮説的な統語規則なので、そこに個人の選択が介入するとは考えられません。

前節で、(9b)（以下に再録）のような文を適格文と判断する母語話者もいるし、不適格文と判断する母語話者もいると書きました。

(9) a. Jane is more annoyed with BILL than **she is** upset with

TOM.

b. Jane's more annoyed with BILL than **she's** upset with TOM.

（9a）の than 節では、発音上は TOM だけが比較強調されていま
す。TOM だけが比較対照要素繰り上げ規則の適用を受けるとす
れば、削除サイトは、is の直後には現われないので、is が縮約規
則の適用を受けて、（9b）が適格となります。他方、upset with
TOM 全体が主文の annoyed with BILL と比較対照されていると思
う話し手のうちで、比較対照要素繰り上げ規則が義務的と考えて
いる話し手には、繰り上げ規則適用のあと、is の直後に削除サイ
トができるので、縮約規則が適用できなくなり、（9b）が不適格
となります。主文の annoyed と than 節中の upset はほぼ同義語（＝
「腹を立てている」）なので、AP の upset 自体で比較対照要素繰
り上げ規則の適用を引き起こすことはありません。実際、（2b）
を適格と判断する少数派を除いて、かなりの数の母語話者が不適
格と判断する（2b）パターンの文は、（9b）のように、主文の述
部形容詞 annoyed と than 節の述部形容詞 upset が同義語かそれに
近いもの、つまり than 節の述部形容詞が比較対照要素繰り上げ
規則の適用を引き起こさない場合に限って適格となります。念の
ため、下に（10b）−（13b）も再録します。

（29）a. She's more <u>at ease with</u> the old, overweight me than **she's**
<u>comfortable with</u> the new thin me.（＝ 10b）

b. John's more <u>absorbed in</u> pursuing his business than **Mary's**
<u>interested in</u> the future of their children.（＝11b）

c. Jane's more <u>embarrassed with</u> what she's accomplished than
Tom's <u>bewildered with</u> what little he has achieved.（＝12b）

d. Jane's <u>madder at</u> Bill than **she's** <u>fed up with</u> his brother.

第9章 比較構文の謎（2）187

　　　　（=13b）

（29a-d）のそれぞれの文で、主文の述部形容詞と than 節の述部形
容詞が同義語かそれに近いものであることがお分かりでしょう。
これで、どうして（2b）を不適格と判断し、なおかつ（9b）−（13b）
を適格と判断する母語話者の数が少なくないか、明らかになった
ことと思います。

● さらなる要因

　ここで、（2b），（9b）−（13b）パターンの文の適格性判断に関わ
る要因で、これまで考慮に入れなかった要因を導入します。
（30a-d），（31a-d）の文を見てください。

（30）a. ?/?? John is more polite to his parents than **Mary is** polite to
　　　　hers.

　　　b. ?/?? John's more polite to his parents than **Mary's** polite to
　　　　hers.

　　　c. √ John's more polite to his parents than **Mary is** ＿＿ to
　　　　hers.

　　　d. 　*John's more polite to his parents than **Mary's** ＿＿ to
　　　　hers.

（31）a. ?/?? Jane is more annoyed with BILL than **she is** annoyed
　　　　with TOM.（cf. 9a）

　　　b. ?/?? Jane's more annoyed with BILL than **she's** annoyed with
　　　　TOM.

　　　c. √ Jane's more annoyed with BILL than **she is** ＿＿ with
　　　　TOM.

d.　*Jane's more annoyed with BILL than **she's** ___ with TOM.

（9b）−（13b）では、than 節の形容詞が、主文の形容詞と同義語、あるいはそれに近いものでしたが、（30）、（31）では、主文の形容詞と同一の形容詞が使われています。（2b）を適格と判断する母語話者も、（2b）を不適格、（9b）−（13b）を適格と判断する母語話者もともに、（30a）、（31a）を不自然、あるいは不適格に近い文と判断し、（30d）、（31d）を不適格と判断します。（30d）の削除サイトは、Bresnan の仮説的な x much の仮説的削除サイトではなくて、深層構造で実在する要素 polite, annoyed の削除サイトなので、（30d）、（31d）が不適格と判断されるのは、予測通りです。これで、（2b）を不適格と判断する母語話者にとって、（9b）−（13b）パターンの文が適格であるためには、than 節の形容詞が、比較対照繰り上げ規則の適用を避けるために主文の形容詞と同義語か、それに近いものでなければならないけれども、主文の形容詞と同一のものであってはならない、という微妙なバランスに基づいていることが分かりました。

● 結び

　本章ではまず、なぜ（2b）（以下に再録）が不適格であるかについての Bresnan（1973）の説明を概観しました。

（2）b.　（I'm both angry and sad, but）*I'm sadder than **I'm** angry.

Bresnan は、縮約形は削除サイトの直前では起こり得ないという妥当な仮説から出発します。ところが、（2b）の縮約形 I'm と angry の間には、一見削除サイトがありません。Bresnan は、形容詞比較構文が(5)に示す深層構造を持っているものと仮定します。

(5) I am **-er much** sad than I am **x much** angry.

このような深層構造から表層文が派生する過程で、仮説的な x much が仮説的に削除されます。Bresnan は、この仮説的削除サイトが、am の縮約をブロックしている、と説明します。

しかし、この Bresnan の説明には、(2b) と同じ文パターンの (9b)－(13b)（(9b) を以下に再録）を適格と判断する母語話者がおり、また、(2b) を適格と判断する母語話者もいる、という致命的欠陥があることを示しました。

(9) b. Jane's more annoyed with BILL than **she's** upset with TOM.

そして、(2b) が不適格なのは、angry が主文の sad と比較対照され、強調されているために、比較対照要素繰り上げ規則が適用され、次の (28) の中間構造で、助動詞的 am が削除サイト ___ の直前に現われることになり、助動詞縮約規則が適用できないためである、という私たちの分析を示しました。

(28) ... 【than I [$_{VP}$ am [$_{VP}$ [$_{AP}$ ___]] angry] 】

一方 (9b) では、主文の annoyed と than 節の upset がほぼ同義なので、比較対照要素繰り上げ規則が適用されず、削除サイトはないので、助動詞縮約が起こり得ます。

ただ、比較対照要素繰り上げ規則は、母語話者によってそれを義務的とみなす人と随意的とみなす人がいて、そのために、これ

まで考察したような例の適格性判断に違いが生じます。本章での
考察から、(2b)、(9b)-(13b) の適格性判断について、次の3種
類の母語話者がいるという結論になります。(32) の最後の縦の
欄に、(2b) と (9b) について指定の判断をする母語話者の比較
対照要素繰り上げ規則の適用が義務的か随意的かについての仮説
を示します。

(32)	(2b)	(9b)-(13b)	比較対照要素 繰り上げ規則
少数派 (10%)	ok	ok	随意的
多数派 (65%)	*	??/*	義務的
中間派 (25%)	*	ok	義務的

(32) の表で示されている少数派、多数派のパーセントは、ごく
限られた母語話者調査に基づいた感触的数字ではありますが、調
査の規模を大きくしても、少数派、中間派のパーセンテージが激
減してゼロに近い数になることはないものと思われます。少数派
と中間派を合わせておよそ三人に一人の話し手が存在し得ないと
主張する Bresnan の仮説と、Bresnan の仮説に匹敵する話し手が
存在することを説明できると同時に、その仮説に匹敵しない話し
手も存在することを説明できる私たちの仮説のどちらが望ましい
かは、読者の皆さんの判断にお任せするより他ありません。

比較構文の謎（3）
— *A more energetic man than Mary would be hard to find. はなぜ不適格文か？ —

第10章

本章では、[A man more energetic than Mary] would be hard to find. は適格なのに、タイトルの英文 *[A more energetic man than Mary] would be hard to find. が不適格なのはなぜかを、Stanley（1969）の見事な説明を分かりやすく解説して、読者の皆さんとこの謎を解き明かしたいと思います。

● 比較構文の不思議な現象

次の4つの文を見てください。(1b-d) は、Richard Stanley（以下、Stanley）の "The English Comparative Construction", *CLS* 5 (1969), pp. 287-292 からの引用です。

(1) a. A man more energetic than Bill would be hard to find.
    b. A man more energetic than Mary would be hard to find.
    c. A more energetic man than Bill would be hard to find.
    d. *A more energetic man than Mary would be hard to find.

上の4つの文のうちで、(1d) だけが不適格です。(1c) と (1d) の違いは、than のあとが Bill か Mary かだけの違いなので、(1d) が不適格なのは、a more energetic X than Y という構文は、X と Y の文法性（grammatical gender — [+male] か [+female] か）が一致していないからだと考えられます。それでは、(1b) の "an X more energetic than Y" でも、X が "man" で Y が "Mary" なので、

XとYの文法性（grammatical gender）が一致していないのに、どうして（1b）は適格なのでしょうか。Stanley はこの謎を提起し、その謎解きをしたのです。

文法性（grammatical gender）の不一致に起因する文の不適格性は、これまでも生成文法と呼ばれる文法理論で考察されてきました。しかしそれは、「選択制限（selectional restriction）」と呼ばれる、動詞・形容詞がどのような意味範疇の名詞句を主語・目的語等にとれるかという類の制約に基づいた対応です。たとえば、次の文を見てください。

（2）a. My younger sister is 3-month pregnant. [pregnant： 妊娠している]

b. *My younger brother is 3-month pregnant.

（3）a. He impregnated my sister. [impregnate：〜を妊娠させる]

b. *He impregnated my brother.

「妊娠している」という意味の pregnant は、BE 動詞構文で [+female] の主語を要求する形容詞です。（2a）は、主語 my younger sister [+female] がこの制約を満たしているので、適格ですが、（2b）は、主語 my younger brother [+male] がこの制約を満たしていないので、不適格です。同様、「妊娠させる」という意味の impregnate は、目的語に [+female] を要求する他動詞です。（3a）は、目的語 my sister [+female] がこの制約を満たしているので適格ですが、（3b）は、目的語 my brother [+male] がこの制約に違反しているので、不適格です。

ところが、（1a, b）の "an X more energetic than Y" と（1c, d）の "a more energetic X than Y" で問題になっている X と Y の関係は、2つの名詞句の間の関係で、動詞・形容詞が、その主語、あるい

第10章 比較構文の謎（3） 193

はその目的語に要求する意味範疇ではありません。したがって、これまでの、生成文法の「選択制限」に基づいたアプローチは、この問題にまったく無力です。これが、Stanley の提起した謎の難しさの原因です。

Stanley（1969）は、この謎を解く極めて興味深い比較構文の深層構造と派生過程の仮説を提案しています。この Stanley の論考は、極めて簡潔に書かれていて、説明不足の事柄も多く、理解しにくいものです。そのため、当時およびその後の言語学者によって注目されることがなかったものです。ここで、補足説明を加えながら、Stanley の見事な謎解きを読者の皆さんに紹介したいと思います。

● Stanley の比較構文深層構造

Stanley は、(4) の比較構文が以下に示す深層構造を持っていると仮定します。

(4) John is more energetic than Mary.

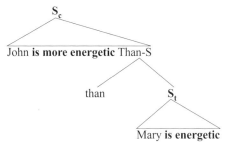

S_c:　　比較構文（comparative <u>S</u>）[S は S (entence) の略]
Than-S: Than 節（than + S_t）
S_t:　　Than の後ろの節（S after *than*）

そして、この深層構造は、次の条件を満たさなければならない、と規定します。

(5) **比較構文深層構造の規定条件**：比較構文（S_c）は、than の後ろの節（S_t）と並行的（parallel）でなければならない。

(4) の深層構造で、than の後ろの節（S_t = Mary is energetic）と主節（S_c = John is more energetic Than-S ）は、"X is energetic" を共有するという点で、並行的です。したがって、この深層構造は、(5) の「比較構文深層構造の規定条件」を満たして、適格な深層構造です。

Stanley は、(4) の深層構造が、まず第一に次の変換規則を受けるものと仮定します。（Stanley は 4 つの変換規則をあげていますが、残りの規則は、必要に応じて随時あげることにします。）

(6) **同一動詞句削除**：Than の後ろの節（S_t）から、主節（S_c）と一致する動詞句全体を削除するか、動詞句削除規則（VP Deletion）を適用して、先頭の助動詞を残す。

"Mary is energetic" の "energetic" のような形容詞句にも動詞句削除規則が適用するという仮説については、前章の(22)、および『謎解きの英文法 ― 省略と倒置』第 5 章「動詞句省略規則」を参照してください。

(4) の深層構造に (6) の「同一動詞句削除」が適用されると、中間構造（中間構造は、表層文と区別するために【　】に囲んで示します）の【John is more energetic than Mary (is)】が派生します。この中間構造で、最後の is がない【John is more energetic than Mary】は、同一要素の is energetic 全体が削除されてできる構造、

is がある【John is more energetic than Mary is】は、is energetic の形容詞句 energetic に動詞句削除規則が適用された結果派生する中間構造です。(動詞句削除規則の適用は、助動詞(的要素)で始まる動詞句にしか適用できず、義務的にその助動詞(的要素)を残さなければならないことに留意してください。)

● なぜ(1a, b)(=A man more energetic than {Bill, Mary} would be hard to find.) は適格文か？

Stanley は、(1a, b)(以下に再録)に(7)の深層構造を想定します。

(1) a. A man more energetic than Bill would be hard to find.
    b. A man more energetic than Mary would be hard to find.

(7)

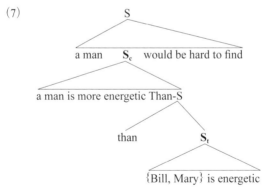

(1a, b) の主語 [a man more energetic than {Bill, Mary}] は、元々 [a man [**who is** more energetic than {Bill, Mary}]] という関係代名詞節を含んでおり、その関係代名詞節の who is が削除されて派生しています。そのため、(7)の深層構造では、名詞句 a man に後続

する S カテゴリーの節点（S, S_c, S_t, (7) では a man S_c の S_c）は、名詞句 a man を修飾する関係代名詞節を表わします。(7) の樹形図の最上位の節点が S_c ではなく S なのは、S_t には、a man ... would be hard to find が含まれていないので、S_t は最上位の節点 S とは並行的でないからです（(5) の規定条件を参照）。S_c は、S_t と述部 is (more) energetic をともにしているという点で、並行的です。この述部に、主語の文法性（grammatical gender）が [+male] でなければならないとか、[+female] でなければならない、という制約はないので、S_t の主語が Bill でも Mary でも、(7) は適格な深層構造です。

　深層構造 (7) の S_c と S_t は、(4) に示した John is more energetic than Mary. の深層構造と同じ構造を持っているので、適格な深層構造です。この深層構造に (8) に示す変換が順次適用されて中間構造が派生し、最後の中間構造 (8c) から表層文 (1a, b) が派生します。

(8) a. 同一動詞句削除（is energetic の削除）

　　　【a man | a man is more energetic than ｛Bill, Mary｝ would be hard to find】

　　b. 関係代名詞節化（2 番目の a man を who に）

　　　【a man **who** is more energetic than ｛Bill, Mary｝ would be hard to find】

　　c. 関係代名詞節縮約（who is の縮約）

　　　【a man more energetic than ｛Bill, Mary｝ would be hard to find】

これで、Stanley の比較構文の深層構造、変換規則の枠組みで、(1a, b) がなぜ適格文であるか説明できることが分かりました。

● 後続する名詞を修飾する比較級形容詞を持つ文の深層構造

次の文を見てください。

(9)　　John knows a more energetic man than Mary does.

(9) では、比較級形容詞 more energetic が、後続する名詞 man を修飾しています。Stanley はこのパターンの文に、次の深層構造を仮定しています。

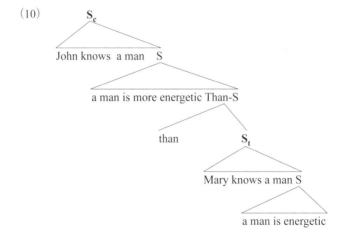

S_c と S_t の右端の S 節点は、(7) の樹形図ですでに説明したように、先行する a man を修飾する関係代名詞節です。S_t の a man S を見ると、Stanley は an energetic man のような、一見単純構造を持っているように見える名詞句に、a man who is energetic という、関係代名詞節を含む複雑な深層構造を仮定しています。(Stanley

がなぜ an energetic man に energetic が man に先行する単純構造を
想定しなかったかは、この章の最後の節で明らかになります。)
(10) は、S_c（= John knows a man | a man is（more）energetic Than-
S）が S_t（=Mary knows a man | a man is energetic）と並行的な構造
を持っているので、（5）の比較構文深層構造の規定条件により、
適格な深層構造です。この構造に次の変換規則が順次適用されて、
(7) に対応する中間構造が派生します。

(11) a. 同一動詞句削除（Mary knows a man | a man is energetic
　　　 を Mary（does）に）

　　　【John knows a man | a man is more energetic than Mary(does)】

　　 b. 関係代名詞節化（2番目の a man を who に）

　　　【John knows a man **who** is more energetic than Mary（does）】

　　 c. 関係代名詞節縮約（who is の縮約）

　　　【John knows a man more energetic than Mary（does）】

　　 d. 形容詞前置（Adjective Preposing）（more energetic を man
　　　 の前に前置）

　　　【John knows a more energetic man than Mary（does）】

　最後の中間構造（11d）から、文末の does を明示するかしない
かで、次の2つの表層文が派生します。

(12) a.　John knows a more energetic man than Mary does.

　　 b.　John knows a more energetic man than Mary.

ただし、上記の派生過程を経て得られた（12b）には、「メアリー
が知っているより…」の解釈しかなく、「メアリーよりエネルギッ
シュな…」の解釈はないことに留意してください。

● *John is a more energetic man than Mary. はなぜ不適格文か？

比較構文の謎に、(13) の不適格性があります。

(13) *John is a more energetic man than Mary.

この文は、Stanley (1969) が説明しようとして、その論文の冒頭にあげている例 (すなわち (1b-d)) には含まれていません。Stanley は、(13) の不適格性の考察を、一見何の問題もないように思われる文 (14) の深層構造 (15) から始めます。

(14) John is a man who is more energetic than Mary.

(15)
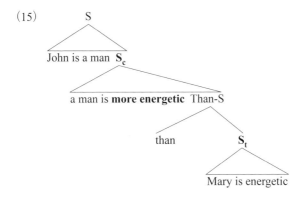

この深層構造に次の変換規則が順次適用され、中間構造 (16a-d) が派生します。

(16) a. 同一動詞句削除 (is energetic の削除)

【John is a man | a man is more energetic than Mary】

b. 関係代名詞節化（2番目の a man を who に）

【John is a man **who** is more energetic than Mary】

c. 関係代名詞節縮約（who is の縮約）

【John is a man more energetic than Mary】

d. 形容詞前置（more energetic を man の前に前置）

【John is a more energetic man than Mary】

（16d）の中間構造から、不適格な表層文（17）が派生します。

（17）*John is a more energetic man than Mary.（=13）

Stanley は、（17）（=13）の不適格性を、比較級形容詞 more energetic が、（15）の深層構造の S_c の中から取り出されて、<u>上位のSの要素になってしまった</u>ことに起因させます。これまで観察してきた表層文派生過程で、形容詞前置の適用を受けて適格文が派生したもの（たとえば、（9）（= John knows a more energetic man than Mary does.）の深層構造（10）と派生過程（11）を参照）の比較級形容詞の前置は、すべて、S_c の中で行なわれたものでした。

Stanley は、形容詞前置に次の制約を加えて、（17）の派生過程をブロックします。

（18）**制約**：比較形態素 more を比較構造 S_c の外に移動させるな。

（4）の比較構文深層構造の下で定義したように、S_c は、比較構文です。比較形態素 more がない比較構文はありえませんから、（18）の制約は、もっともな制約です。

● なぜ John is a man more energetic than Mary. は適格で、*John is a more energetic man than Mary. は不適格か？

次の文を見てください。

(19) a.　John is a more energetic man than Bill is.
　　 b. *John is a more energetic man than Mary is.

この2つの文は、適格文（1c）（= A more energetic man than Bill would be hard to find.）と不適格文（1d）（= *A more energetic man than Mary would be hard to find.）と同じ対比を示す文です。Stanley は、(19a) に (20) の深層構造を仮定します。

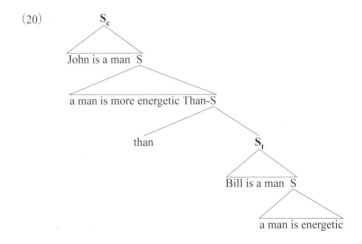

(20) は、(10) に示した (9)（= John knows a more energetic man than Mary does.）の深層構造とまったく同じですから、(10) に順

次適用される変換規則（(11) 参照）と同じ規則が（20）にも適用されます。それを次に示します。

(21) a. 同一動詞句削除（Bill is a man | a man is energetic を Bill (is) に）

【John is a man | a man is more energetic than Bill (is)】

b. 関係代名詞節化（2番目の a man を who に）

【John is a man **who** is more energetic than Bill (is)】

c. 関係代名詞節縮約（who is の縮約）

【John is a man more energetic than Bill (is)】

d. 形容詞前置（more energetic を man の前に前置）

【John is a more energetic man than Bill (is)】

（21d）から、表層文 John is a more energetic man than Bill (is). が派生します。この a more energetic man than Bill は、(1c)（= A more energetic man than Bill would be hard to find.）の比較表現 a more energetic man than Bill と同じなので、これで、なぜ（1c）が適格文かが説明できました。

では、深層構造（20）の S_t の主語が Bill でなくて Mary だったらどうなるでしょうか。その深層構造は、(21) の変換規則を順次受けて、表層文（19b）(=*John is a more energetic man than Mary (is).) を派生します。この文は、Mary が女性であるのに、Mary is a man という S_t を含んだ深層構造から派生した文なので、Mary [+female] と a man [+male] の文法性（grammatical gender）の不一致で、不適格となります。そして、この a more energetic man than Mary は、(1d)（=*A more energetic man than Mary would be hard to find.）の比較表現 a more energetic man than Mary と同じなので、(1d) も不適格ということになります。

第 10 章 比較構文の謎（3） 203

　それでは、(19b) に次の (22) の深層構造が与えられた場合、どうなるでしょうか。この構造の S_t は、Mary [+female] is a woman S ですから、上で見た文法性の不一致はありません。

(22)
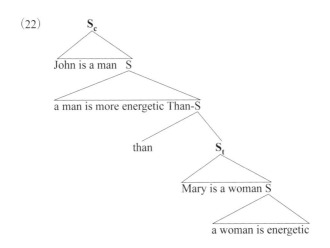

　ところが、この深層構造は、S_c（=John is a man | a man is more energetic）に、S_t（=Mary is a woman | a woman is energetic）と並行的な要素を含んでいないので、(5) の比較構文深層構造の規定条件（=「比較構文（S_c）は、than の後ろの節（S_t）と並行的でなければならない」）に違反しています。よって、(22) は不適格な深層構造ということになり、(19b)（および (1d)) は、それを派生する適格な深層構造がないので、不適格と判断されることになります。

● 結び

　以上で、本章冒頭で提示した (1a-d)（以下に再録）において、

なぜ（1a-c）が適格なのに、（1d）が不適格なのかが明らかになりました。

(1) a. A man more energetic than Bill would be hard to find.

　　 b. A man more energetic than Mary would be hard to find.

　　 c. A more energetic man than Bill would be hard to find.

　　 d. *A more energetic man than Mary would be hard to find.

（1d）の不適格性を説明するためには、その深層構造に、上で示したように、Mary is a man が文法性（grammatical gender）不一致により不適格である、という情報が入っていなければなりません。これで、John is an energetic man という、一見単文深層構造をもっているように見える文に、なぜ Stanley が回りくどい [John is a man | a man is energetic] という、関係代名詞節を含む複文構造を想定したかが分かりました。

ad, bot, rhino, za って何か、ご存知ですか?

普段、学生と話していると、彼らが長い表現を短く切り詰めて用いる「短縮語」に驚いたり、感心したりすることがよくあります。次の右側の表現は、彼らがよく用いる短縮語で、左側の下線部のみをつなげて残りを省略したものです。

(1) a. <u>カテイ</u>キョウシ（家庭教師）→ カテキョ
    b. <u>塾</u>の<u>講</u>師 → 塾講
    c. <u>メ</u>ール<u>アド</u>レス → メアド
    d. <u>追い</u>出し<u>コン</u>パ → 追いコン（4年生の卒業を祝い、送り出すコンパ）(【付記】参照)
    e. <u>合</u>同<u>コン</u>パ → 合コン
    f. <u>ど</u>う<u>たん</u>ばで<u>キャン</u>セル → ドタキャン
    g. <u>むず</u>かし<u>い</u>（難しい）→ むずい
    h. <u>きも</u>ちわる<u>い</u>（気持ち悪い）→ きもい

これらの短縮語を見ると、(1g, h) を除く (1a-f) は、一般によく用いられる次のような短縮語、つまり、左側に示した2語から成る複合語のそれぞれ最初の部分を合わせてできあがった単語、と同じで、特に驚くべきことではありません。それでも私は、「カテイキョウシ」(家庭教師)を「カテキョ」、「メールアドレス」を「メアド」、「どたんばでキャンセル」を「ドタキャン」と、学生に最初に言われたとき、「え？」と思ってしまいました。

（2） a. うなぎどんぶり → うなどん
　　 b. ポケットモンスター → ポケモン
　　 c. 学生割引 → 学割
　　 d. リモートコントロール → リモコン
　　 e. 生活協同組合 → 生協

　短縮語にはもちろん、次のように、単語の後部を省略したもの（後部省略）や、単語の前部を省略したもの（前部省略）もあります。さらに、単語の最初と最後を省略して、真ん中だけを残したもの（前・後部省略）もあります。

（3） 後部省略
　　 a. くりまんじゅう（栗饅頭）→ くりまん
　　 b. ストライキ → スト
　　 c. テレビジョン → テレビ
　　 d. リハビリテーション → リハビリ
　　 e. アニメーション → アニメ
　　 f. アナウンサー → アナ
　　 g. イントロダクション → イントロ
　　 h. リストラクチャリング → リストラ
　　 i. 携帯電話 → 携帯（ケータイ）
　　 j. 帆立貝 → ホタテ
（4） 前部省略
　　 a. アルバイト → バイト
　　 b. ともだち（友達）→ だち
　　 c. けいさつ（警察）→ サツ
　　 d. ヨコハマ（横浜）→ ハマ
　　 e. まやく（麻薬）→ ヤク

        f. ヘル<u>メット</u> → メット

(5) 前・後部省略

        a. 最<u>終電</u>車 → 終電

        b. 航<u>空母</u>艦 → 空母

上の３つのタイプの短縮語を比べると、（3）の後部省略が圧
倒的に多いことが分かります。それは、後部省略が、単語の最
初の部分を残しているので復元しやすく、理解しやすいからで
す。一方、（4）の前部省略は、単語の最初の部分を省略して
しまうので、元の単語を復元するのが難しく、そのため、仲間
同志の隠語、ないしは柄の悪い表現（特にヤクザや若者が使用
する単語）が多くなります。（5）の前・後部省略は、もうお
気づきのように、数が多くありません。

　さて、それでは英語の短縮語を見てみましょう。次の短縮語
の元の形がお分かりでしょうか。

(6) a. ad

        b. deli

        c. dorm

        d. exam

        e. gas

        f. hippo

        g. info

        h. lab

        i. math

        j. memo

        k. photo

        l. rhino

　　　　m. zoo

　（6a-m）の単語は、すべて元の単語の前の部分が残る後部省略で、正解は次の通りです。

（7）　a. advertisement（広告、宣伝）→ ad
　　　 b. delicatessen（ハム、チーズ、サラダ、サンドイッチなどの店）→ deli
　　　 c. dormitory（寮）→ dorm
　　　 d. examination（試験）→ exam
　　　 e. gasoline（ガソリン）→ gas
　　　 f. hippopotamus（カバ）→ hippo
　　　 g. information（情報）→ info
　　　 h. laboratory（実験室）→ lab
　　　 i. mathematics（数学）→ math
　　　 j. memorandum（覚え書き、メモ）→ memo
　　　 k. photograph（写真）→ photo
　　　 l. rhinoceros（サイ）→ rhino
　　　 m. zoological garden（動物園）→ zoo

　すべて分かりましたか。このコラムのタイトル文にある ad は、（7a）にあるように、advertisement（広告、宣伝）の短縮語、rhino は、（7l）にあるように、rhinoceros（サイ）の短縮語です。（7b）の deli が delicatessen の短縮語、（7m）の zoo が zoological garden の短縮語だということに、案外気がつかれなかった読者もおられるでしょう。
　それでは次に、以下の単語の元の形は何でしょうか。

（8） a. blog
  b. bot
  c. bus
  d. phone
  e. plane
  f. rents
  g. za

　これはなかなか難しいですね。それは、（8a-g）がすべて、元の単語の前の部分を省略し、後ろだけを残す前部省略の短縮語だからです。正解は次の通りです。

（9） a. we<u>blog</u> → blog（ブログ）
  b. ro<u>bot</u>（ロボット） → bot
  c. omni<u>bus</u> → bus
  d. tele<u>phone</u> → phone
  e. air<u>plane</u> → plane
  f. pa<u>rents</u> → rents
  g. piz<u>za</u> → za（発音は、pizza の「ツァ」ではなく、「ザー」）

（9f）の rents や（9g）の za をご存知でない方が多いことと思いますが、これらは、主に若者が用いる俗語です（大型の英和辞典（たとえば『リーダーズ英和辞典』（研究社））には登録されています）。日本語でも、若者が前部省略の短縮語を仲間内で使うのと同様です。このコラムのタイトル文にある bot は、（9b）にあるように、robot の短縮語、za は、（9g）にあるように、pizza の短縮語です。

210

最後に、次の短縮語の元の形を考えてみましょう。

(10) a. flu
　　 b. fridge

これらは、前・後部省略の例で、正解は次です。

(11) a. influenza（インフルエンザ）→ flu
　　 b. refrigerator（冷蔵庫）→ fridge

(11b) では、綴りの変化に（frige に d が入って fridge に）
注意してください。日本語でも、前・後部省略は数が少ないの
と同様で、英語でもわずかしかありません。

　このコラムで観察した短縮語以外にも、日英語の短縮語に思
い当たる方もいらっしゃることと思います。それらがこのコラ
ムで示した省略のどのタイプに当たるかを考えたり、さらなる
短縮語を探してみると、きっと面白い発見につながることで
しょう。

"It's a narrower road."
—「than 〜」はどこにある？—

第11章

● 「than 〜」のない形容詞比較級？

上のタイトル文には、形容詞の比較級 narrower が使われているので、皆さんは、その道路が<u>どの道路</u>より狭いのかという、比較の対象がこの文の直後にあるか、あるいは先行文脈ですでに話題になっているので、省略されていると思われることでしょう。しかしこの文は、ある警官が交通事故について話している次の新聞記事からの引用で、than 〜 という比較の対象は、この文にも先行文脈にも示されていません。

(1)　　"It's **a narrower road**, the driver saw a school bus coming in the opposite direction, he pulled to the right to give himself room ...."
　　　「それはかなり狭い道路で、ドライバーはスクールバスが反対方向から来るのが見えたので、スペースを作るために車を右に寄せた。」

実は、比較の対象がこのように文中の前後に存在しないのに、比較級が用いられる例は数多くあります。次の実例もすべて同様です。

(2)　a.　It's **a newer hotel** with modern rooms.
　　　　「それは、現代的な部屋が揃ったかなり新しいホテル

です。」

b. It's **an older motel**, but clean with thoughtful little touches.
「それはちょっと古いモーテルですが、あちこちささやかな気配りがなされていて、小綺麗です。」

c. She's **a shorter**, obese, sedentary **woman**.
「彼女はちょっと背が低く、肥満で、座りがちで身体を動かさない女性です。」

d. He's **a taller guy**, early to mid-thirties, whose welcoming spirit（and sun-kissed tattoos）gives you the impression that ....
「彼はかなり背が高く、30 代初めから中頃で、人を温かく迎えてくれる態度（と日に焼けた入れ墨）が …という印象を与える。」

e. Naturally, if it's **a wider or longer driveway**, you might want to consider making multiple passes.（除雪板のついた軽トラックについての話）
「もちろん、それがかなりの幅か長さのドライブウェイ（公道から玄関・車庫に通ずる私道）なら、（車をバックして）何回も繰り返して除雪するのがよいかもしれない。」

f. It's **a scarier environment** to be investing money in art these days, but I am excited to be doing it.
「最近は芸術にお金を投資するにはかなり危険な状況ですが、でも私はそうすることにわくわくしています。」

（2a-f）の太字で示した形容詞は、いずれも -er 形がついた比較級ですが、than 〜という比較の対象が示されていません。

第 11 章　"It's a narrower road." 213

　(1) や (2a-f) では、すべて「形容詞 + -er」形の比較級が用い
られていましたが、「more ＋形容詞」形の比較級でも同じことが
言えます。次の実例を見てください。

(3)　a.　The hotel opened in March 2005 and was renovated to in-
clude 57 rooms spanning three floors. Some rooms have
balconies to a small street. This is **a more modern hotel** in
the center.
「そのホテルは 2005 年 3 月にオープンし、3 つのフロ
アーにわたって 57 部屋を含む改装が行なわれました。
いくつかの部屋は、小さな通りを見下ろすバルコニー
があります。このホテルは、街の中心部にあるかなり
現代的なホテルです。」

　　　b.　We highly recommend you use a high strength password for
your Password Tote login password, so that potential attack-
ers cannot guess your password. A simple way to remem-
ber **a more lengthy password** is to make it a phrase that
you will remember such as "on the water we go Today for 6
minutes", additionally remembering that the "T" in "Today"
is capitalized.（【付記】参照）
「あなたのパスワード管理アプリへのログイン・パス
ワードは、強力なパスワードを用いることを強くお勧
めします。そうすれば、予想されるアタッカーはあな
たのパスワードを推測できません。かなり長いパス
ワードを覚える簡単な方法は、パスワードを on the
water we go Today for 6 minutes のように、覚えられる
表現にして、Today は T を大文字にするということも
覚えておくことです。」

c. At Westlake Dentistry we offer a full range of sedation dentistry options to help **our more anxious or nervous patients** get the care they need.
「ウェストレイク歯科医院では、少し不安に思っておられたり、心配しておられる患者の皆さんが、必要とするケアが受けられるお手伝いをするべく、広範な鎮静歯科医療の方法を提供しています。」

d. They were one of **the more comfortable pairs of shoes** I've ever owned.
「それは、私がこれまでに持っていたかなり快適な靴の一つです。」

これらの例でも、形容詞が more を伴って比較級になっていますが、than 〜という比較の対象はどこにも示されていません。

●「叙述用法」でも同じ？

前節の (1), (2a-f), (3a-d) では、形容詞の比較級が、その後ろの名詞を修飾する「限定用法」(attributive use) として用いら

れていましたが、補語として用いられる「叙述用法」（predicative use）でも同様の事柄が観察されます。次の実例を見てみましょう。

(4) a. And because **this restaurant is newer**, most people don't know how great it is yet and you can get in without the dreaded wait.

　「そしてこのレストランはかなり新しいので、たいていの人はそれがどれぐらい素晴らしいかまだ知りません。なので、ひどく待ったりしないで中に入れます。」

b. There are a lot of dumps in this town so you have to be very careful in picking out a hotel. **This hotel was newer** and had huge rooms that were beautifully decorated.

　「この町にはたくさんのみすぼらしいホテルがあるので、ホテルを選ぶときはとても注意しなければいけません。このホテルはかなり新しく、美しく飾られた広い部屋がありました。」

c. **This motel is older** and dingy, but the rooms were clean and the staff was friendly.

　「このモーテルはちょっと古くてみすぼらしいが、部屋は綺麗で、スタッフは親切でした。」

d. Even though **the dress was older**, it still wore like it was brand new!

　「そのドレスは少し古かったけれど、まだ新品のように着られました。」

e. **The home is older and smaller** but the community and management make up for it!

　「その家はちょっと古くて小さいですが、周りの環境や管理の良さがそれを補ってくれます。」

（5） a. **This hotel is more modern** in appearance and services.

「このホテルは、外観とサービスではかなり近代的です。」

b. I REALLY like Hoka's because they are light and oh so soft. I don't run in anything else. ... So if you want to buy running shoes for men or women, **these shoes are more comfortable** and also stylish.

「私はホカのシューズが、軽くてとても柔らかなので、本当に好きです。他の靴を履いて走ったりしません。だからもしあなたが男性用か女性用のランニング・シューズを買いたければ、ホカの靴はかなり快適で、流行にも合っています。」

c. **They are more friendly**. They are respectful of diverse culture and assist to make you accustomed to the American society.

「彼らはかなり友好的です。彼らは異なる文化に敬意を表わし、あなたがアメリカ社会に慣れるよう手伝ってくれます。」

ここでも、newer や older, more modern や more comfortable のように、比較級なのに than 〜が示されていません。一体、比較級でありながら、than 〜という比較の対象が示されていないこのような用法を、私たちはどのように考えればいいのでしょうか。

● 母語話者の意見

　私たちは、ネイティヴスピーカー・コンサルタントたちに上のような例を示して、この用法について尋ねてみました。すると、このような用法には以前から気がついており、書き言葉でも話し言葉でも用いられて、新聞やテレビなどでもよく目にしたり、耳にするとのことでした。そして、次のように答えてくれました。

(6) This is a peculiar English construction where the comparative form of an adjective X（without a comparison）is used to mean "rather / pretty / fairly X".

つまり、(1) の a narrower road だと、比較級であるにもかかわらず、比較の対象や比較の意味がなく、「<u>かなり</u>／<u>ちょっと狭い</u>」（{rather / pretty / fairly} narrow）という意味で用いられる「奇妙な」(peculiar) 構文だというわけです。したがって、(2)の例で言うと、比較級は何かと比べているのではなく、「<u>かなり</u>／<u>ちょっと新しいホテル</u>」、「<u>かなり</u>／<u>ちょっと古いモーテル</u>」、「<u>かなり</u>／<u>ちょっと背の低い女性</u>」などの意味で解釈されるということになります。

● 比較の対象は暗黙の基準値・標準値

　さて、比較対象が明示されていない比較級表現を「かなり／ちょっと～」と解釈するのはいいとして、上のような母語話者の意見は、彼らがこの構文を用いる際に、比較の対象を意識していないことを示しています。しかし、母語話者が比較の対象を意識しないからと言って、本当に比較の対象が存在しないと考えていいのでしょうか。実は、形容詞が比較級になっていることを考慮

すれば、これは、話し手がある基準値、標準値を暗黙のうちに設定しており、その基準値を比較の対象にして、比較級を用いていると考えるのが妥当であると思われます。たとえば（1）と（3b）（以下にその一部を再録）を見てみましょう。

（7） a. It's **a narrower road**, the driver saw a school bus coming ... （=1）

b. A simple way to remember **a more lengthy password** is to make it a phrase ... （=3b）

（7a）では、話し手の警官が、様々な道路の幅を総合的に考え、道路の標準的な幅を暗黙のうちに設定し、その標準値に比べて、問題となっている道路がそれよりかなり／ちょっと狭い道路であると述べていると考えられます。（7b）でも同様に、話し手は、普通に用いられる長さのパスワードを頭に浮かべ、そのような標準的な長さのパスワードよりもかなり／ちょっと長いパスワードを覚える簡単な方法は、それを句の形にすることだと述べています。上で観察した他の例も同様で、"than normal / average" のようなデフォルト表現が省略されてできた表現だと考えられます。

ここで、（4e）（以下に再録）を見てください。

（4） e. **The home is older and smaller** but the community and management make up for it!
「その家はちょっと古くて小さいですが、周りの地域社会や管理の良さがそれを補ってくれます。」

お気づきのことと思いますが、このような比較表現は、不動産関係の人が家を売ったりする際によく用います。それは当然で、

The home is **old and small** と言えば、買い手に悪い印象を与えて しまうからです。それを避けるために、話し手の不動産屋さんは、 売りに出される平均的な家をデフォルトとして次のように想定 し、それと比べるとその家は少し古くて小さいと言うことで、古 さや小ささを緩和させているわけです。

　(8)　The home **is older and smaller** [than the average home].

　以上のように考えれば、母語話者は、(6) で述べたように、比 較の対象を意識しないのに比較級を使うため、この構文を「奇妙 な」(peculiar) 構文と言っていますが、まったく奇妙ではないと いうことになります。そして、このようなデフォルト表現の省略 は、言語ではよく観察される現象です。たとえば、次の例を見て ください。

　(9)　He's of average height.

ここで average は、何の平均かが示されていませんが、「彼の年 令・性別・人種・国籍等の人たちの身長の平均」という意味であ ると考えられます。そして、この表現にそのような事柄が省略さ れているということを、普段、母語話者は意識しませんし、それ は日本語でも同じです。したがって、この章で紹介した比較表現 でも、母語話者が "than normal / average" が省略されているとい う意識がないのは、このような現象と同じだからだと考えられま す。

● 別の解釈は可能か？

　英語に関して質問やその回答を誰でもできる English Language & Usage Stack Exchange というインターネットのサイトがあります（http://english.stackexchange.com）。そこに、than 〜のない比較級形容詞が用いられている次のような例は、どのように説明されるのかという質問が寄せられています。

（10）　The main participants in this market are the **larger** international banks.（Wikipedia より）

その回答は、上で私たちが提示したものとは違っており、銀行を大きな銀行と小さな銀行の2つに分け、大きい方を、小さい方（smaller banks）と比べて、larger banks と言うのだというものです。一方、large banks と言うと、銀行を large / medium / small の3つに分けているので、larger banks の方が、large banks より多くの銀行が含まれることになると述べています。そしてこれは、「2つ」や「二人」のうちでどちらであるかを述べる次のような表現と同じものであると述べています。

(11) a. Of the two halves, I'll take the **larger**.

「その半分ずつの2つのうちで、私は大きい方をいただきます。」

b. I was the **older** brother.

「私が兄だった。」

さて、この説明は妥当でしょうか。(6) で述べたように、than ～のない比較級形容詞 X は、"rather/pretty/fairly X"（「かなり／ちょっと X」）という意味であるというのが、母語話者の解釈です。したがって、This is a **larger** bank. と言うと、「これはかなり／ちょっと大きな銀行です」という意味で解釈されます。一方、(10) に対する上の回答は、銀行を大きな銀行と小さな銀行のどちらかに分けて、中間サイズの銀行はないと考えています。しかし、次の談話を見てください。

(12) Speaker A: I'd call Merrimack Bank one of the **larger banks**.

Speaker B: How about Hampton Bank and Belmont Savings?

Speaker A: They are **mid-size banks**.

この談話はまったく自然で適格です。しかし、上の回答だと、話し手（A）がメリマック銀行を one of the **larger** banks と呼んでいるので、中間サイズの銀行はないことになり、ハンプトン銀行とベルモント貯蓄銀行を mid-size banks とは言えないことになってしまいます。したがって、このような「二分律」に基づく説明は、妥当でないということが明らかです。

さらに、たとえば (3d)（以下に再録）を見てみよう。

(3) d. They were one of **the more comfortable pairs of shoes** I've

ever owned.

靴には、「快適な靴／快適でも不快でもない靴／不快な靴」、とい
うように、「快／不快」の中間、つまり、どちらでもない靴が当
然あるので、「三分法」が自然だと思われます。しかし、「二分律」
に基づく説明だと、快／不快のどちらでもない靴を、あえて快適
な靴か不快な靴のどちらかに入れてしまうことになりますが、こ
れは実際には不可能なことです。したがってこの点でも、(10)
の例に対して寄せられた回答は、適切なものとは言えません。

● 結び

　本章では、than 〜が文中の前後にないのに、形容詞の比較級表
現が用いられる例を観察しました。そしてこの用法は、話し手が
ある基準値、標準値を暗黙に設定し、それを比較の対象としてい
るものの、母語話者には意識されずに省略されている表現である
ことを示しました。また、このような表現を「二分律」に基づい
て説明する分析は妥当でないことも示しました。

テロリストの自爆行為は cowardly か?

第12章

● 自爆行為は「臆病な行為」(cowardly act) か?

　1983年、自爆テロリストがベイルートの米国大使館ビルの玄関に配送バンを乗り付け、大使館ビルを爆破し、大使館員米国人17人、レバノン人32人を含む合計63人の死者、およそ120人の負傷者を出すという事件が起きました。当時の米国大統領ロナルド・レーガン (Ronald Reagan) が、このテロリスト行為をcowardly act と呼ぶのを聞いたとき、死を覚悟の上の「勇敢な行為」のはずなのに、どうして「臆病な行為」と呼ぶのか、不思議に思いました。

　2001年9月11日、19人のテロリストが、4機の旅客機をハイジャックしました。そのうちの2機は、ニューヨーク市のワールドトレードセンター (World Trade Center) のノースタワー (North Tower) とサウスタワー (South Tower) に追突して爆破し、1機は、ヴァジニア州アーリントンのアメリカ国防総省本庁舎 (ペンタゴン) の西セクションを破壊しました。残りの1機はワシントンD.C.に向かう途中、機の奪還に乗り出した乗客の有志の反撃にあい、ペンシルベニア州の野原に墜落しました。9/11 (ナイン・イレブン) と呼ばれる事件です。乗客とターゲットのビルの死者約3,000人、地上の消防士・警察官・警備員の犠牲者約400人という大惨事でした (Wikipedia)。当時の大統領ジョージ・ブッシュ (George W. Bush) も、この自爆テロリストの行為を cowardly と呼びました。

また2007年12月27日、パキスタンのベーナズィール・ブットー（Benazir Bhutto）首相が選挙遊説中、自爆テロリストの爆弾で殺害され、他に28人の死者が出ました（Wikipedia）。この自爆テロリスト行為についても、ジョージ・ブッシュは、cowardly actという表現を使いました。さらに、翌日、米国上院、下院が可決した合同決議も、自爆テロリストの行為を "heinous and cowardly"「極悪かつ臆病な」行為と呼びました（ABC News インターネット版 9/26/2001）。

以上のように、自爆テロ行為を指すのには、"cowardly act" が決まり文句となっています。

● 「臆病な行為」ではないとの意見

テロリストの自爆行為を cowardly act と呼ぶのは適切な表現ではないのではないか、という疑問を持ったのは、英語の母語話者でない筆者だけではありません。9/11 事件当日にインターネットに次の文で始まる匿名 Chatterbox の "In What Sense Are Terrorists Cowards" と題する記事が掲載されています。

（1）　The conventions of American political rhetoric oblige presidents to denounce terrorist attacks as "cowardly." ... The rules demand that the terrorist be branded a sissy.（Chatterbox）

「アメリカの政治的声明の慣習が、大統領に、テロ攻撃を cowardly と呼ぶことを余儀なくさせる。…その規則は、テロリストに sissy（女々しい）という烙印を押すことを要求する。」

（1）の記述から、Chatterbox が cowardly を文字通り、「臆病な」という意味で使っていることは明らかです。

9/26/2001 の ABC News インターネット版の Terror Attacks Spark Cowardly Debate（「テロ攻撃、Cowardly 論争の口火を切る」）という記事に、スーザン・ソンタグ（Susan Sontag）の次の言葉が引用されています（【付記1】参照）。

（2）　　　If the word 'cowardly' is to be used, it might be more aptly applied to those who kill from beyond the range of retaliation, high in the sky, than to those willing to die themselves in order to kill others. In the matter of courage（more neutral virtue）: whatever may be said of perpetrators of Tuesday's slaughter, they were not cowards.（Susan Sontag, New Yorker Magazine）

　　　「もし、cowardly という表現を使うなら、それは人を殺すために自分たちの命も捨てることを辞さない人たちについてではなく、空高くから、報復の危険のない殺害を犯す人たちに適用した方が適切であろう。（中立な意味での）勇気について火曜日の殺戮（さつりく）の犯人たちが何と言われようと、彼らは臆病者（coward）ではない。」

ここでも、cowardly という形容詞が文字通り「臆病な」の意味で自爆テロリストたちを形容するのに用いられています。

　同様、テレビ ABC 局の深夜番組 Politically Incorrect のホストのビル・マー（Bill Maher）は、ソンタグとほとんど同じ次の発言をして、視聴者から激しい攻撃を受け、番組で宣伝広告をしていた会社が手を引くという結果を招いて、番組が打ち切られてし

まいました（ABC News）（【付記2】参照）。

(3)　　We have been the cowards, lobbing cruise missiles from 2,000 miles away. That's cowardly. Staying in the airplane when it hits the building, say what you want about it, it's not cowardly.

「臆病だったのは、2千マイル離れたところから巡航ミサイルを発射していた我々だ。これこそ臆病だ。航空機がビルディングに衝突するときに航空機の中に留まっていることは、人が何と言おうと、臆病ではない。」

ソンタグは、空高くから爆弾を落として殺害をする行為者を名指しで示さなかったので、読者からの強い反撃を受けなかったのですが、ビル・マーは、巡航ミサイルの発射行為者を「我々＝米国」と名指しで示したために、番組視聴者から猛攻撃にあったわけです。

● 英英辞典の cowardly の定義

このように、テロリストの行為をさす cowardly act という表現は、文字通り、「臆病な行為」と言う意味で解釈され、彼らの行為を指すのにこの表現が適切であるか否かのみが問題とされてきました（【付記3】参照）。Cowardly にたとえば「卑怯」などという新しい意味ができたわけではありませんから、自爆テロが頻繁に起きたあとで出版された英英辞書、その改訂版のほとんどすべての cowardly の定義には、修正がありません（【付記4】参照）。毎年四半期ごとに新語や、すでに登録ずみの単語の新しい意味な

どが追加される、もっとも権威のある英語辞書と認められている *OED*（*Oxford English Dictionary*）のデジタル版 OED on Line の cowardly の項は、次の通りです（【付記5】参照）。第一記載事項の最初の例文は 1551 年、第二記載事項の最初の例文はおよそ 1661 年に遡るものですが、ここでは、それぞれの記載事項から、分かりやすい用例を1つだけ選んで示します。

(4) 1. Having the character or spirit of a coward; wanting in courage; pusillanimous, timorous
「臆病者の性格の；勇気に欠けている；臆病の；極めて臆病の」1861 Dickens *Great Expectations* I. vi. 85, I was too cowardly to do what I knew to be right.

2. Characteristic of or befitting a coward; proceeding from fear or a spirit of cowardice
「臆病者に特有、あるいは、付きものの；恐怖あるいは臆病心に起因する」1855 Macaulay *Hist. Eng.* IV. 33, The affront was not only brutal, but cowardly.

第一記載事項は、人間、動物など [+animate] の名詞を修飾する cowardly、第二記載事項は、行為、性格など [+abstract] の名詞を修飾する cowardly で、ともに「臆病な」の意味を表わすものです。この2つの記載事項があるだけで、1983 年に始まったテロ爆破事件関連の cowardly に相当する記載事項がありません。ということは、OED 編者も、この用法の cowardly をすでに登録ずみの「臆病な」に当たる語義と同じものとみなしていることを示しています。

また *Longman Dictionary of Contemporary English*（6th edition, 2014）と *Longman Dictionary of American English*（5th edition,

2014）の coward の項には、"someone who is not brave at all" という定義が与えられ、cowardly はその形容詞とあるのみで、定義が与えられていませんが、例文 a cowardly attack on a defenceless/defenseless man があげられています。ということは、cowardly が行為を表わす名詞を修飾して、「防御のすべのない人を攻撃する」を意味するときでさえ、それが「臆病な」という意味しかないと想定していることを示しています。同様、Merriam-Webster's Dictionary and Thesaurus（14th printing, 3/2014）の cowardly の項にも、"being, resembling, or befitting a coward" とあり、coward の項は、"one who lacks courage or shows shameful fear or timidity"「勇気の欠如か、恥ずべき恐怖あるいは弱気を示す人」と記載されているので、この辞書も、cowardly に「臆病な」という単一の意味を想定していることになります。

● New Oxford American Dictionary の cowardly の定義

例外として、2001 年に初版が出版された New Oxford American Dictionary の cowardly の項は、次のようになっています。（2005 年に出版された第 2 版、2010 年に出版された第 3 版にこの項の変更はありません。）

(5) cowardly　　adj. lack of courage　「臆病な」

■ （of an action）carried out against a person who is unable to retaliate:

「報復することができない人に向けられた（行為）」

a cowardly attack on a helpless victim

第12章　テロリストの自爆行為は cowardly か？　229

■はこの辞書が、先行する中核的意味（CORE SENSE）の副次的
意味（SUBSENSE（subsidiary sense））を表わすことを示すために
用いている符号です。辞書冒頭の凡例にこの符号の次のような例
示があります。中核的意味、副次的意味の日本語訳は、英和辞典
にしばしば見かけられるものを示します。

    (6)　**barbed**

        中核的意味：having a barb or barbs「有刺の」

        副次的意味：(of a remark or joke) deliberately hurtful「と
                げのある（意見あるいは冗談）」: *a fair*
                degree of barbed wit

    boiling point

        中核的意味：the temperature at which a liquid boils and
                turns to vapor「沸点」

        副次的意味：the point at which anger or excitement breaks
                out into violent expression「（忍耐の）限界」:
                emotions had reached boiling point and
                could spill

    demand

        中核的意味：an insistent and peremptory（「有無を言わ
                さぬ」）request, made as if by right「要求」:
                a series of demands for far-reaching reform

        副次的意味：*Economics* the desires of purchasers, con-
                sumers, clients, employers, etc., for a particu-
                lar commodity, or other items「需要」: *a*
                recent slump in demand; a demand for spe-
                cialists

したがって、この辞書の副次的意味は、中核的意味から派生する意味ではあるものの、中核的意味とは区別されなければならない意味を表わすものということになります。この辞書が cowardly の中核的意味を "lack of courage"「臆病な」、副次的意味を "(of an action) carried out against a person who is unable to retaliate"「報復することができない人に向けられた(行為)」と定義している事実は、それが、この2つの区別されなければならない意味を持っていると主張していることを示しています。*New Oxford American Dictionary* の初版は、最初のテロ自爆事件（1983年のベイルート大使館爆破）の4年後に出版されたものですから、cowardly の副次的意味は、この非戦闘員たちに向けられたテロ行為を頭において加えられたものだと推察されます。

● *New Oxford American Dictionary* の cowardly の定義には問題がある

Cowardly に、「報復することができない人に向けられた(行為)」という副次的意味があるという *New Oxford American Dictionary* の主張には、致命的な問題があります。なぜなら、それは、2001年の 9/11 事件から現在まで続いている Cowardly 論争を無意味なものにしてしまうからです。Chatterbox は、テロ行為を、「極悪非道の（行為）」と呼ばないで、非難色の弱い「女々しい行為」と呼ぶ政治家に対する強い不満を述べています。もしロナルド・レーガン、ジョージ・ブッシュ大統領たちが、cowardly act を「報復することができない人に向けられた（行為）」の意味で使い、Chatterbox もその意味で理解していれば、この行為を「女々しい行為」と呼ぶ政治家に強い不満を述べるはずがありません。さらに、（2）と（3）でスーザン・ソンタグとビル・マーは、ジョージ・

第 12 章　テロリストの自爆行為は cowardly か？　231

ブッシュが「臆病な行為」を意図して使った cowardly act をその意味で解釈し、9/11 の自爆テロリストの行為は、人が何と言おうと、cowardly ではない、と言っています。この発言は、cowardly が「臆病な」を意味するものと考えれば意味をなしますが、もし *New Oxford American Dictionary* の副次的意味「報復することができない人に向けられた（行為)」を意味するとすれば、「9/11 の自爆テロリストの行為は、人が何と言おうと、報復することができない人に向けられた（行為）ではない」という、ソンタグとマーが夢にも思っていなかった解釈になってしまいます。

　同様、(7) の 2 つの文を見てください。(7a) は、パキスタン首相ベーナズィール・ブットーへの自爆テロ殺害事件についてのジョージ・ブッシュの声明、(7b) は、それに対する New York Times のコラムニスト、ポール・クルーグマン（Paul Krugman）の反応です（【付記 6】参照)。

(7)　a.　ブッシュ大統領の声明
　　　　The United States strongly condemns this cowardly act by murderous extremists who are trying to undermine Pakistan's democracy.
　　　　「米合衆国は、パキスタンの民主主義の土台を弱めようとしている過激派の人殺したちによるこの cowardly な行為を強く弾劾する。」
　　b.　クルーグマン：Isn't that an odd adjective to use about a suicide bombing?
　　　　「"Cowardly" というのは、自爆テロに使うのには奇妙な形容詞ではないか。」

上記引用のポール・クルーグマンの自問は、cowardly を「臆病な」

と解釈すれば意味をなしますが、それを *New Oxford American Dictionary* の副次的意味通り、「報復手段を持たない人に対して向けられた」を意味するとすると、「『報復手段を持たない人に対して向けられた』というのは、自爆テロに使うのには奇妙な形容詞ではないか。」となってしまいます。自爆テロ行為をそう呼ぶことに何らの奇妙さもありません。

　Chatterbox, ソンタグ、マー、クルーグマンたちは、9/11 自爆テロを cowardly act と呼ぶことに異議を唱えた人たちですが、そう呼ぶことに賛成した人もいました。次の文を見てください。

(8)　In his online column for the National Review, Jonah Goldberg argued that an attack on defenseless civilians is always cowardly.
　「ジョナ・ゴールドバーグは National Review のオンライン・コラムで、無防備な一般市民を攻撃することは、常に cowardly であると論じた。」(【付記7】参照)

この主張は、cowardly が「臆病な」を意味するとすれば、意味をなしますが、それが *New Oxford American Dictionary* の副次的意味の意味だとすると、「無防備な一般市民を攻撃することは、常に『報復手段を持たない人に向けられた（行為）』である」というトートロジーの主張になってしまいます。

　上記の考察から、*New Oxford American Dictionary* の cowardly の副次的意味「報復手段を持たない人に対して向けられた（行為）」は、役に立たない語義ということになります。ただ、もしロナルド・レーガン、ジョージ・ブッシュ大統領たちが自爆テロ行為に用いた cowardly act という表現の意図された意味が、実際、「報復手段を持たない人に対して向けられた（行為）」であり、Chatterbox、ソンタグ、マー、クルーグマンたちがそれを誤解して、「臆病な（行為）」と解釈した、という状況設定が現実であった、ということが証明できれば、大変有益な語義記載事項ということになります。ただ、2001 年の 9/11 事件に始まり、現在もまだ続いている cowardly 論争で、そういう状況設定が提起されたことは、筆者の知る限り一度もありませんから、この語義記載事項が有益だと証明される可能性はゼロに近いものと言わざるを得ません（【付記 8】参照）。

● 英和辞典の訳語はどうか？

ここまで、英英辞典では、自爆テロ事件以後、cowardly にテロ関連の特殊な意味定義を加えたのは、筆者の知る限り、*New Oxford American Dictionary* だけであることを述べました。それでは、英和辞書ではどうなっているのでしょうか。興味深いことに、最近出版された英和辞書の cowardly の訳語に、「卑怯な」が「臆病な」と並んで併記されているものが出始めています。たとえば、『ジーニアス英和辞典』（第 2 版、1994 年）では、cowardly が「［けなして］臆病な」となっているのが、『ジーニアス英和辞典』（第 5 版、2014 年）では、「臆病な、意気地のない、卑怯な」となっています。『ウィズダム英和辞典』（第 3 版、2013 年）、『フェイバリット英和辞典』（第 3 版、2005 年）も、cowardly に「臆病な、卑怯な」を当てています。しかし、cowardly には「卑怯な」という意味はありません。もしそれに「卑怯な」という意味があるなら、それは自爆テロ行為を指すのに適当な形容詞ですから、その使用に対して Chatterbox やクルーグマンたちが不満を述べるはずがありません。また、ソンタグとマーが、「自爆テロリストたちの行為は、人が何と言おうと、臆病な行為ではない」と言ったはずの発話に、

「自爆テロリストたちの行為は、人が何と言おうと、卑怯ではない」と、テロリストたちの行為を肯定する解釈もあることになってしまいます。

さらにもう一度（7a）と（7b）（以下に再録）で、cowardly に「報復することができない人に向けられた（行為）」という意味がないことを示すのに用いた次の2つの文を見てください。

(7)　a.　ブッシュ大統領の声明

The United States strongly condemns this cowardly act by murderous extremists who are trying to undermine Pakistan's democracy.

　　　b.　クルーグマン : Isn't that an odd adjective to use about a suicide bombing?

Cowardly に「臆病な」の意味しかないとすれば、クルーグマンの自問は、「臆病というのは、自爆テロに使うのには奇妙な形容詞ではないか。」という筋の通った自問になります。他方、もし cowardly に「卑怯な」の意味があるとすれば、「卑怯というのは、自爆テロに使うのには奇妙な形容詞ではないか。」という筋の通らない自問になってしまいます。クルーグマンにとっても、自爆テロは卑怯な行為であるに違いないからです。

以上の理由から、『ジーニアス英和辞典』（第5版、2014年）や『フェイバリット英和辞典』（第3版、2005年）の cowardly の項に加えられた訳語「卑怯な」は、誤訳と言わざるを得ません。

● 結び

本章は、テロリストの自爆行為が、死を覚悟した「勇敢な行為」

のはずなのに、どうして「臆病な行為」(cowardly act) と呼ばれるのかという疑問から出発し、実際、自爆行為を cowardly と呼ぶのは妥当でないと主張する人々（スーザン・ソンタグ、ビル・マー等）の意見を紹介しました。英英辞典では cowardly を「臆病な」とのみ定義しており、*New Oxford American Dictionary*（2001）だけは、cowardly の副次的意味として「報復することができない人に向けられた（行為）」((of an action) carried out against a person who is unable to retaliate) という意味をあげています。しかし、この定義には致命的な問題があることを示しました。さらに英和辞典では近年、cowardly の訳語に「卑怯な」を当てているものがありますが、それだとたとえば、ソンタグやマーが、「自爆テロリストたちの行為は、人が何と言おうと、臆病な行為ではない」と言っているのに、「自爆テロリストたちの行為は、人が何と言おうと、卑怯ではない」という、テロリストたちの行為を肯定する発言になってしまい、矛盾が生じます。したがって、cowardly の訳語は「臆病な」であって、「卑怯な」は誤訳ということになります。

付記・参考文献

【第1章】

【付記1】 Carlson（1977a, b）の局面レベル述語（stage-level predicates）と個体レベル述語（individual-level predicates）という用語は理解しづらいものですが、Wikipedia の Predicate（grammar）のエントリーの次の説明で分かりやすくなると思われます（イタリックは原文のまま、太字は筆者）。

(i) a. *A stage-level predicate* is true of a **temporal stage** of its subject.

    b. *An individual-level predicate* is true **throughout the existence of an individual**.

つまり、stage-level predicates は、その主語の一時的局面（temporal stage）に当てはまるものであり、individual-level predicates は、ある個人（an individual）が存在している限りずっと当てはまるものというわけです。

【付記2】 スカンジナビアン・モダンは、ミニマリスト指向のモダンな軽い家具です。ミッション家具は、19世紀の末期に米国で好まれた、重い堅い材質で作られたどっしりした家具です。（Wikipedia）

【付記3】 （20a-c）では、本文で述べたように、述語が想起させる選択肢は、その文の主語にとって選択可能な選択肢ではありませんが、「主語にとって選択可能であると<u>話し手が思っている</u>選択肢」であると思われるかもしれません。なぜなら、たとえば（20a）との関連で、戦地に出かける息子の母親が、息子に Please,

please don't return home **dead**. と言ったりするのは可能だからです。つまり、この文の話し手である母親は、主語の息子が、戦地から家に死んだ状態で帰ってくることの選択が可能だと思っていると言えます。

　しかし、（20b）の He was born **Chinese**. や（20c）の He was born **left-handed**. 等では、話し手が、主語の「彼」が Chinese, Japanese, Indonesian などの選択肢を選択可能だと思っていたとか、左利きで生まれるか右利きで生まれるかの選択が可能だと思っていたとは言えません。したがって、「主語にとって選択可能であると話し手が思っている選択肢」という考えは、適切ではないことになります。

【付記4】　There 構文には、形容詞が意味上の主語を叙述的に修飾する次のような構文があります。

　（i）　a.　（After the banquet）there were several people **sick**.

　　　　b.　（All over the world）there are people **hungry**.

　　　　c.　At the beach yesterday, there were several people **naked**.

　　　　d.　There were some people **drunk** at the party.

　　　　e.　There were two delegates **absent**.（Huddleston & Pullum 2002: 1394）

この構文に関して、Milsark（1974, 1977）は、一時的状態を表わす形容詞のみ用いられ、恒常的状態を表わす形容詞は、次のように用いられないと主張しています（Carlson（1977b: 71-72）, Huddleston and Pullum（2002: 1394）, 安藤（2005: 762）等も参照）。

　（ii）　a.　*There were several people **tall**.

　　　　b.　*There are many linguists **intelligent**.

　　　　c.　*There are many people **crazy**.

　　　　d.　*There are three pigs **stupid**.（安藤 2005: 762）

e. *There were two delegates **deaf**.(Huddleston & Pullum 2002: 1394)

しかし、この主張に関しても、次のような致命的反例がありま
す。

（iii）a.　There's a sparrow **dead** over there.

　　　b.　In this country, there are four million people **illiterate** / **homeless**.

（iiia）の dead は、すでに本文の（13）、（20a）で述べたように、a sparrow の恒常的、永続的状態を表わしており、（iiib）の illiterate（読み書きができない）、homeless も、four million people の恒常的、永続的状態を表わしていますが、（iiia, b）はまったく問題のない適格文です。したがって、上記の主張を維持することはできません。

　それでは、この構文の適格性を決定づけている要因は一体何かということになりますが、この構文の制約は予想以上に捉えがたく、それを的確に記述することは、残念ながら、今後の研究を待たなければなりません。

【第２章】

【付記１】　述語（predicate）とは、一般に、主語について、その動作・作用・状態などを述べる語で、述部（predicate phrase または predicate）とは、文の中で、述語とその目的語や修飾部から成る部分を言います。たとえば（1a）（=John left the room angry.）だと、主語 John の動作を述べる left the room が述部、その中心（主要部）となる left が述語ですが、さらに John の状態を述べる angry も述語です。この場合、前者を一次述語（primary predicate）、後者を二次述語（secondary predicate）と呼びます（Rothstein（1983）参照）。さらに述語は、単に主語だけでなく、（1b-d）の raw, flat, happy のように、目的語の状態を述べる場合にも用いられます（Williams（1980）参照）。

【付記 2】　この主張に対する Chomsky（1986），McNulty（1988），Rizzi（1990）の説明は、それぞれで異なる複雑なもので、以下の議論には関係がないので割愛します。概略を述べれば、小節と結果述語は、文の構造上、主動詞の姉妹要素（sisters）（= 主動詞と同じ階層上の位置にある要素）なのに対し、目的語描写述語と主語描写述語は、主動詞よりも階層上、より上位の位置にあるというような、それぞれの述語の統語構造に基づいた説明です。詳細は、Kuno and Takami（1993: 60-66）をご覧ください。

【付記 3】　（14b）の **how healthy** and strong he left the hospital this morning は、もちろん疑問文ではなく感嘆文ですが、両者はともに Wh 句の移動を受けて派生するため、同じタイプの文なので、ここに用いています。

【付記 4】　本書第 4 章の「名詞を修飾する形容詞の語順」で、$ADJ_1 - ADJ_2$（たとえば big new）と $ADJ_2 - ADJ_1$（new big）のどちらが正しい語順かを調べるのに、COCA（Corpus of Contemporary American English）の頻度数はかなり信頼できる指標になるけれども、グーグル頻度数は、まったく頼りにならないことを指摘しています。それは、グーグル・データベースには重複が多く、たとえば、マクドナルドが新製品 New Big Mac を宣伝し始めると、その宣伝と、それについての反応が何万回、何十万回も繰り返されてグーグルのデータベースに入り込むというような現象があるからです。それにもかかわらず、（17）でグーグルの頻度数をあげているのは、COCA の約 5 億単語のデータベースが、3 単

語や 4 単語連続の頻度数を調べるには小さすぎるからです。
COCA の "boiled the eggs hard", "boiled the lobster red" の頻度数は、どちらもゼロです。"boiled the eggs hard" のグーグル頻度数 14,700 には、見たところ、上記のような流行語効果はなさそうです。（この表現を過去形ではなく、命令形 "boil the eggs hard" にすると、頻度数が 49,500 に上がります。これは、この表現が評判のクックブックに使われているからです。しかし、評判のクックブックの "boil the eggs hard" 頻度数増大効果は、マクドナルドの新製品 New Big Mac の new big 頻度数増大効果に比べれば微々たるものです。）

【付記 5】 ここで、eat oysters raw のグーグルヒット数を、本文で述べた eat my steaks raw, eat my steaks rare のグーグルヒット数と比較すると、次のようになります。

（i） a. "eat oysters raw" : 11,600
　　　b. "eat my steaks raw" : 111
　　　c. "eat my steaks rare" : 8,160

（ia）の eat oysters raw は、（ic）の eat my steaks rare よりグーグルヒット数が多くあります。しかし、次の叙述形容詞句の Wh 疑問文は不適格です。

（ii） ***How raw** do you eat oysters?

その理由は、すでに本文で述べたように、raw が「生の / 調理されていない」という意味で、程度がないからです。

【付記 6】 Raw には、程度のない「生の」という意味だけでなく、「未熟な／経験の少ない」や「ひりひり痛む」のような意味もあり、このような意味の場合は程度があるため、たとえば次のように very raw と言うことができます。

(i) a. "He Was **Very Raw**" Upon Arrival.（実例）

「彼（フットボール選手）は、チームに入ったとき、非常に未熟であった。」

b. My wife's passing is still **very raw** with me.（実例）

「私の妻の死は、私にとって、まだ癒えていません。」

【付記７】 Nude は、「裸の、裸体の」（=not wearing any clothes）という意味で、程度がありませんから、叙述形容詞の Wh 疑問文に無関係な文でも、次のように不適格となります。

(i) a. *She posed **very nude**.

b. ***How nude** did she pose?

【コラム①】

【付記】 インカ・ショニバレ（Yinka Shonibare）（1962 – ）: ロンドンで生まれナイジェリアで育ち、ヨーロッパで活躍している芸術家。2016 年 10 月 1 – 14 日に横浜美術館で開かれた BODY/PLAY/POLITICS と名付けられた展示会の６人の出品者の一人。

【第３章】

【付記１】 限定用法の形容詞に付した英語名 attributive adjectives は、「属性形容詞」という意味です。主語名詞句の属性を表わすことは叙述形容詞の機能の１つでもあるので、適切な用語ではないのですが、他に「限定形容詞」の表わす意味に相当する適切な英語名用語がないので、便宜上、ここでそれを用いました。

【付記２】 読者の皆さんがご存知のように、名詞に先行しても、その意味範囲を限定しない形容詞用法もあります。My **lovely** wife の lovely がその例です。

【付記3】 Purse は、イギリス英語では「財布」を意味しますが、アメリカ英語では、通常、手提げ（ときたま、肩掛けストラップ）のついた男性用のものも含めた「ハンドバッグ」を意味します。「財布」に相当する英語は、米語では wallet です。そのためアメリカ英語では、外出時に、purse の中に、wallet や手帳、書類や本、化粧品などを入れて出かけることになります。

【付記4】 1953 年、飛行機事故で 31 歳で亡くなった前世紀の天才ピアニストの一人 William Kapell の話。彼が亡くなったのは、オーストラリアでのコンサートツアーからの帰路でした（Wikipedia）。（8c）は、そのツアーの録音が発見されたことを報じる New York Times の 2004 年 11 月 9 日の記事のタイトルです。

【付記5】 2007 年に、アメリカン・フットボールの花形選手マイケル・ヴィックがアメリカで禁じられている闘犬賭博に関与していたことが発覚し、家宅捜索が入り、庭に飼われていた闘犬用の 51 匹のピットブルが押収されました。ヴィックは不法闘犬賭博罪で起訴され、禁固 23 か月の実刑判決を受けました。ヴィックが、弱い犬に電気ショックを与えたり、銃で撃ち殺したり、首をつって殺したりしていたことが明らかになり、アメリカ大衆を唖然とさせました。（www.nfl-mania.com）

【付記6】 道端に落ちていた財布を拾った人が、中に入っていた住所にその財布を届けたら、それが持ち主の娘の住所で、娘が母親の電話の指示で 20 ドルをお礼に払おうとしたら、断られ、母親が（お礼を断られたことに反撃して）自分で焼いたクッキーをきれいな缶に詰めて、送ってきた、というカナダのブリティッシュコロンビアの新聞 TriCityNews の記事のタイトル。アメリ

英語ではありませんから、Purse が「ハンドバッグ」ではなくて「財布」の意味で使われていることに注意してください（【付記3】参照）。

【第4章】

【付記1】　Coe（1980: 59）は、名詞を修飾する形容詞の語順を（i）のように規定し、その語順を（ii）で例示しています。

　　（i）　judgment – measurement – age or temperature – shape – colour
　　　　　　– verb form – origin – material
　　（ii）　nice big old round red carved French wooden（card table）

（1）に示した Forsyth の形容詞語順制約が、この Coe の語順制約に極めて類似していることに注目してください。Coe は、（i）の形容詞語順が絶対的なものではないものの、もっとも一般的な語順を表わすと述べています。

【付記2】　Tolkin についての Forsyth のこの逸話に、1つ間違いがある、と述べている人がいます。その人（匿名 DB）によれば、Tolkin 自身のこの出来事の回想には、落胆したとは書いてなく、どうしてそういう規則があるのか、とそのときいぶかったし、今でもいぶかっている、と書いてあるだけだそうです。（Mark Lieberman, Big Bad Modifier Order）

【付記3】　COCA は Corpus of Contemporary American English の略称で、Brigham Young University の Mark Davies が開発している5億2千万単語収録の現代アメリカ英語（1990-2015）の言語統計コーパスで、毎年2千万単語が追加されているとのことです。

【付記4】　COCA のコーパスには、big bad が wolf を修飾してい

244

るケースが約 30%、それ以外の名詞を修飾しているケースが約 70% ありますが、Disney 映画上演の 1933 年以前の状況がどうだったかは、COCA が 1990 年以降のコーパスなので、分かりません。

【付記5】 Disney の短編映画 Three Little Pigs には、Frank Churchill 作詞作曲の Who's Afraid of the Big Bad Wolf? という歌が登場するのですが、この歌は、

> Who's afraid of the big bad wolf / The big bad wolf, the big bad wolf
>
> Who's afraid of the big bad wolf / Tra la la la la…

で始まり、big と wolf が低音、bad が高音で、いかに悪いオオカミの話かということが強調されて、効果的な出だしです。もし、映画の主人公のオオカミの名前が Bad Big Wolf だったら、bad と wolf が低音、big が高音で、この歌がいかに大きなオオカミの話か、ということになってしまうでしょう。もちろん、その場合には、Frank Churchill の作曲も違ったものとなっていたことでしょうが。

　余談になりますが、Edward Albee　の Who's Afraid of Virginia Wolf?（1962）は、この Frank Churchill の歌の題をもじったものということです。（Wikipedia）

【付記6】 Mark Lieberman は、アメリカの音韻論、音声学、計量言語学専門の言語学者。ペンシルベニア大学教授。構文解析情報を付した大量の英文コーパスを開発して、自然言語の自動処理にたずさわる研究・開発機関、個人研究者などに提供したことで著名。

付記・参考文献 245

【第 5 章】

【付記 1 】 『ジーニアス英和辞典』の sure [be *sure* to] の項目には、さらに「否定形の *She isn't *sure* to succeed. は不可：I am not *sure* of her success. か I am not *sure*（that）she'll succeed. とする」という記述があります。この構文の頻度数が低いことは事実ですが、私たちの英語母語話者コンサルタントの三人のうち一人が、次のグーグルからの実例を適格と判断します。（（i）の原文は、"to stay *at* the ceiling" となっていましたが、母語話者コンサルタントから、"to stay *on* the ceiling" でなければならない、という指摘がありましたので、そのように修正しました。）

（i）　Hotel Pula, Pula Picture: the plaster *is not sure to* stay on the ceiling in the dining room.（tripadvisor.com）

他方、私たちの英語母語話者コンサルタントたちは、主語が一人称代名詞の否定形 be sure to 構文（ii）を、問題のない適格文と判断します。

（ii）　Nov 11, 2014 ... 'We could have started later, but then we **wouldn't be sure to** get first in line,' said Vicky Torres who's camping outside Best Buy with Juanita.

したがって、『ジーニアス英和辞典』の「否定形の *She isn't *sure* to succeed. は不可」は、正確には「『三人称主語の否定』の *She isn't *sure* to succeed. は稀で、それを不適格と判断する母語話者の方が、適格と判断する母語話者よりはるかに多い」ということになります。

【付記 2 】 『ウィズダム英和辞典』（第 3 版 , 2013）、『フェイバリット英和辞典』（第 3 版、2005）、『ユースプログレッシブ英和辞典』（初版、2004）の certain, sure のエントリーにも、同様の記述があります。学習英和辞典の記述が詳細になってきている証しだと思

われます。『グランドセンチュリー英和辞典』（第3版、2011）では、sure にのみ、このような記述がされており、certain にはないのに対し、『リーダーズ英和辞典』（第2版、1999）では、certain にのみ、このような記述がされており、sure にはありません。

【付記3】　英語で書かれた英文法書で、be certain/sure to の判断の主体がこの構文の主語ではなくて話し手であるということに一番近い指摘をしているのは、私たちの知る限り、Norman Coe, *A Learner's Grammar of English*（Nelson, 1980）の次の記述です。この本の82節：The boys are sure to break something. に次の表が示されています。

(i)

A	B	C	D
subject	**be**	*adjective*	**to** clause
1. Their son	is	certain	to find out.
2. Fred	is	likely	to fail the test.
3. Her sisters	are	liable	to turn up without any warning.

Column C に現われる形容詞は、bound, certain, liable, likely, sure, unlikely と述べ、それぞれの形容詞文について、次の言い換えを示しています。

(ii)　a.　The inspector is liable to ask some awkward questions. （i.e. It is probable that the inspector will ask [some awkward questions].）

　　b.　Mrs. Bright isn't likely to come this afternoon.（i.e. It is not probable that Mrs. Bright will come this afternoon.）

　　c.　They are unlikely to have been arrested. （i.e. It is unlikely that they have been arrested.）

"it is probable that ..., it is not probable that ..., it is unlikely that ..." の

付記・参考文献 247

ような表現が、that 節が表わす事象・状態の存在・発生の蓋然性についての話者の判断を表わす、という点で、上記の言い換えは、be certain/sure to が、to 不定詞句が表わす事象、状態の存在・発生の蓋然性についての話者の判断を表わすという主張を間接的に提起していることになります。

【付記4】　英文学では、*Sense and Sensibility*（1811）, *Pride and Prejudice*（1813）, *Emma*（1816）などの作家として読者の皆さんにもお馴染みの Jane Austen（1775-1817）、ドイツ文学では、『若きウェルテルの悩み』（1774）のゲーテ（Johann Wolfgang von Goethe 1749-1832）が、自由間接話法を駆使した最初の作家と言われています。またフランス文学では、『ボヴァリー夫人』（1857）のフローベール（Gustave Flaubert 1821-1880）が自由間接話法の存在を「意識していた」最初の作家と言われています。（Wikipedia）

【第6章】

【付記1】　英語に、同じく「他副詞」（transitive adverb）と呼ばざるを得ない副詞が1つあります。それは、原型 near「～の近くに」とその比較級形 nearer、最上級形 nearest です。その用例を下に示します。

(i)　a.　Mari shuddered **nearer** the wall, but there was no warmth in it.

「マリは壁にもっと近いところで震えていた、しかしそこには、何のぬくもりもなかった。」

b.　Harry slowed as he drew **nearer** the seventy-foot-high red granite obelisk.

「ハリーは、70 フィートの高さの赤い御影石のオベリスクにさらに近づくにつれて、歩をゆるめた。」

【付記2】 安藤（2005: 474）は、目的語をとる形容詞として、near の他に like をあげ、次の例を示しています。

（i）He is **more like** his mother than his father.

安藤は、（i）の more like が他形容詞 like の比較級形式と主張しているようです。しかし、この主張が正しければ、次の例文の<u>前置詞</u> in, about, on, for も目的語をとる形容詞ということになってしまいます。

（ii）
a. Quadruplets from a Cincinnati suburb are **more in sync than** their looks. They've chosen to attend Yale University together over other top schools in the country, including Harvard and Stanford.（実例）

「シンシナティ郊外出身の４つ子は、顔つきが示唆するよりはるかに同調一致的である。彼らはハーバード、スタンフォードなどのトップレベルの大学からの入学許可を蹴って、４人そろって、イェール大学を選んだ。」

b. Success is **more about happiness than** power, possessions, or prestige.（実例）

「成功は、権力、財産、名声よりも、幸福であるかどうかについてである。」

c. People are donating more than they ever have to charities. There's no time when such giving is **more on display than** today, Giving Tuesday.（実例）

「過去に例を見ないほど多くの額が、慈善団体に寄付されている。今日、Giving Tuesday（慈善寄付振興運動の名前）の日ほど、このような寄付行為が発揮されるときはない。」

d. This is **more for me than** it is for you.

「これは、あなたのためというより、私のためだ。」

(i) の like は、形容詞ではなくて前置詞とみなすのが妥当だと思われます。

【付記3】 COCA データベースについては、本書第4章の【付記3】を参照してください。

【付記4】 Wh 節の前の前置詞がすべて省略可能というわけではありません。たとえば、前置詞 to と with は、次の例が示すように、省略不可能です。

(i) a. I was not *privy to who struck John.*（グーグル）
「私は、誰がジョンを殴ったか、打ち明けられていなかった。」

   b. *I was not *privy who struck John.*

(ii) a. We will be *answerable to why we didn't fast.*（グーグル）
「私たちは、なぜ断食しなかったかに答えることができなければならないであろう。」

   b. *We will be *answerable why we didn't fast.*

(iii) a. Information about an individual may be requested under the FOIA, but release is *subject to whether the privacy interests of the affected party outweighs the public interest in the release of said information.*（グーグル）
「個人についての情報は、FOIA（Freedom of Information Act 情報自由法）で求めることができるが、公開は、その個人のプライバシー懸念が、当該の情報の公開による公益よりも大きいか否かによる。」

   b. ... *but release is *subject whether the privacy interests of the affected party outweighs the public interest in the release of* *said information.*

(iv) a. Let's get better ***acquainted with*** *who she is and what she does.* 〔acquainted with：～をよく知っている〕

b. *Let's get better ***acquainted*** *who she is and what she does.*

(ⅴ) a. I am not ***familiar with*** *who she is*, but she is stunning and I just love this photo. 〔stunning：驚くほど美しい〕

b. *I am not ***familiar*** *who she is*, but she is stunning and I just love this photo.

【付記５】 (22b) のように、代動詞 do が用いられた Wh 分裂文では、be 動詞が単純形 is か was なら、be 動詞のあとの焦点動詞句の頭に to を付さないほうがベターです。Be 動詞が might be のように 複合形の場合は、to が必要です。

(ⅰ) a. What he really wants to do might be to resign.

b. *What he really wants to do might be resign.

【付記６】 この唯一の "to be is be" 文は、次の Wh 分裂文です。

(ⅰ) And what you don't want **to be is be** part of that conducting line from the line down to the ground.

「あなたが、なりたくないことは、その電線から地面にのびる導線の一部になることです。」

【付記７】 本書第４章で、名詞を修飾する２つの形容詞 ADJ$_1$ と ADJ$_2$ の語順 ADJ$_1$ – ADJ$_2$ と ADJ$_2$ – ADJ$_1$ の、どちらがより適格であるかを知るためには、COCA の頻度数がその適格度と密接な相関関係を示すが、グーグルの頻度数は使い物にならないことを述べ、その理由は、COCA のデータベースには、重複がないけれど、グーグルのデータベースには、重複が山とあることを述べまし

た。(35a, b)がこの事実を示すよい例です。下に、この２つのキーワードの頻度数を示します。

（i）　キーワード　　COCA ヒット数　　グーグルヒット数
　　　to do is be　　　　143　　　　　　501,000
　　　to be is be　　　　　1　　　　　　2,400,000

COCA では、"to do is be" が、"to be is be" より圧倒的に高いヒット数を示していますが、グーグルでは、その逆になっています。その少なくとも１つの理由は、Beatles のメンバーだった George Harrison 作の Blow Away と言う曲に、次の歌詞があるからです。

（ii）　All I got to do is to love you
　　　　All I got **to be is, be** happy

【付記８】　アメリカのメジャー・リーグの選手となった最初のネイティブ・アメリカンと言われているルイス・ソカレキス（Louis Francis Sockalexis：October 24, 1871 – December 24, 1913）の言葉。David L. Fleitz 著の、同選手名のタイトルの本からの引用。（Wikipedia）

【付記９】　クナナン（Cunanan）は、1997 年の３か月の間に、ファッションデザイナーのジャンニ・ヴェルサーチ（Gianni Versace）を含めて少なくとも５人を殺害した連続殺人犯。

【第７章】

【付記１】　母語話者の中には、(5a-c) と (6a-c) の間に顕著な適格性の差を認めず、ともに不自然で、これらの文が物語や会話の始まりの文だとすれば、話を進めるためにより多くの情報を次のように提供する必要があると言い、(ia, b) であれば、一時的形容詞であれ、恒常的形容詞であれ、適格になると判断する話し手

がいます。

(i) a. A boy was **hungry** and decided to go out hunting in the forest for food.

　b. A boy was **tall** and felt embarrassed when he towered over his classmates.

こういう判断をする話し手は、hungry, tall で第一文が終り、and のあとに主語 he の省略された第二文が続く、という構文分析をしないで、hungry and decided ....; tall and felt .... が複合動詞句を形成するという構文分析をし、それが、decided ..., felt ... という出来事動詞を含んでいるので恒常的形容詞句ではない、という判断をして、これらの文を適格と判断するものと推察することができます。

【付記2】　(9a-c) では、数詞・数量詞の one, two, a few に強調ストレスが置かれますが、逆に次のように、数詞・数量詞に強調ストレスがなく、それが修飾する名詞に強調ストレス（大文字で示す）が置かれると、不適格となります（久野（1973: 34-35）参照）。

(i)　*{Two / All} BOYS were tall.

【付記3】　当然のことですが、一時的形容詞の主語が「ハ」でマークされ得ないという訳ではありません。「定名詞主語＋ハ＋一時的形容詞」パターンは、次の例文が示すように、適格です。

(i) a.　太郎君は病気です。

　b.　君は酔っている。

ただし、このパターンの文は、主語を定義する文ではありません。

【付記4】　久野（1973：第2、3章）で詳しく議論されているように、「ハ」には、「主題」と「対照」を表わす用法があり、「ガ」

には、「総記」と「中立叙述」（および「目的格」）を表わす用法があります。以下の久野（1973: 27-28）からの例を参照してください。

(i) a. 主題を表わす「ハ」
例：太郎は学生です。

b. 対照を表わす「ハ」
例：雨は降っていますが、雪は降っていません。

(ii) a. 総記を表わす「ガ」
例：太郎が学生です。

b. 中立叙述を表わす「ガ」
例：雨が降っています。
おや、太郎が来ました。

c. 目的格を表わす「ガ」
例：僕は花子が好きだ。

【コラム③】

【付記1】 日頃私たちがよく使う「東大、就活」のような表現も、次の左側の2つの表現の一部ずつを取り出して合成したかばん語だと思われる読者がおられるかもしれません。

(i) a. 東京 + 大学 → 東大
b. 就職 + 活動 → 就活
c. 入学 + 試験 → 入試
d. 婦人 + 警官 → 婦警

しかし、「東大」や「就活」は、元々「東京大学」、「就職活動」のような複合語のフルフォームが先にあり、それらが短縮されてできた「短縮語」と考えるのが妥当です。それに対し、かばん語の場合は、「とらまえる」だと、「*とらえるつかまえる」という複合語のフルフォームがなく、あくまでも「とらえる」と「つか

まえる」の一部ずつを取り出して合成した新しい単語であることに注意してください。

【付記2】 イノブタ（猪豚）は、イノシシとブタの雑種で、ウィキペディアによれば、食肉用の家畜として飼育されることが多く、イノシシ肉の代用として供されることもあるとのことです。1970 年、和歌山県畜産試験場のイノブタは、イノシシを父に、ブタを母にして初めて誕生したとのことです。

【付記3】 (11h) の「アラフォー」の場合は、「アラウンドフォーティー」という英語のフルフォームがあるので、かばん語ではなく、短縮語だと思われる読者がおられるかもしれません（【付記1】参照）。しかし、日本語で用いられる「アラフォー」は、「40 歳前後の人」を指すのに対し（元々は 1980 年代半ばを高校・大学で過ごした 40 歳前後の女性を指しました。平成 20 年（2008）に放送されたテレビ番組の題名から流行した言葉です。）、英語の「アラウンドフォーティー」はそのような意味ではなく、単に数字が「40 前後」という意味です。したがって、「アラウンド」と「フォーティー」から一部ずつを取り出して新しい意味を表わす単語を合成したという点で、ここでは「アラフォー」をかばん語の一例としました。このかばん語は、2008 年に、【新語・流行語大賞】を受賞しました。

　新語・流行語大賞は、自由国民社がその年 1 年間に発生した「ことば」の中から、世相を軽妙に映し、多くの人々の話題に上った新語・流行語を選び、その「ことば」に関わった人物、団体を顕彰するとされている賞です（ja.wikipedia）。2017 年の大賞は、SNS のインスタグラムに写真をアップロードして公開した際にひときわ映える、見栄えが良い、という意味で用いられる「イン

スタ映え」と、森友学園問題や加計学園問題などの報道を通じてよく耳にするようになった言葉で、「他人の気持ちを推し量ること」という意味の「忖度」が受賞しました。

【第8章】

【付記1】 (6)のペアーと同様の振る舞いをする副詞として、次のようなペアーがあります。

   (i) **much** / little   **far** / near   **fast** / slow(ly)

【付記2】 ただ、たとえば(11a)で、HOW old is Dorothy? のように、how に強勢を置いて発音すると、「ドロシーがどれぐらい年をとっているか」と尋ねており、ドロシーが年をとっているという意味合いがあります。しかし、ここでの old は、本文の(8)の図で、絶対的意味を表わす old_1(年とった)ではなく、あくまでも無標の old_2(年令が…の)です。

  HOW old is Dorothy? のように、how に強勢を置いて強調するのは、当該の文脈で基準となっている年令より、ドロシーがはるかに年をとっているという想定があるからです。したがって、ドロシーがたとえば2、3歳であれば、how を強調する理由がないので、HOW old is Dorothy? とは尋ねることができません。他方、30歳前後のドロシーが高校3年生として転入してきたとしたら、クラスの間で HOW old is Dorothy? という質問が交わされることはあり得ます。それは、高校生たちの年令に比べて、ドロシーが年をとっているという想定があるからであり、how を強調するだけの理由があるからです。したがって、この現象は、たとえば「百歳」は強調に値する年令なので、Dorothy is ONE HUNDRED YEARS old. のように、100 YEARS(HOW に対応)が強調され得るのと同じ現象だと考えられます。

【付記３】　(19a-c) が不適格なのに対し、次の文は適格です。

  (i)　a.　Kevin is as **kind** as Meg, which is to say **not kind** at all.

  　　b.　Kevin is as **kind** as Meg, which is to say **mean** as a snake.

ただ、(ia, b) が適格と判断されるのは、話し手が半ば冗談で、kind が old などと同じように尺度形容詞であるかのように、「ケヴィンの親切さの度合いは、メグの親切さの度合いと同じだ」と言っており、後半の文で、その親切さの度合いは、「{まったく親切でない／蛇のように意地が悪い} ということだ」と述べて、機知のある表現になっているからだと考えられます。

【付記４】　Good, well の比較級 better は、次の文が適格であることから分かるように、比較の対象となっている両者が、good, well であるということを意味しません。

  (i)　a.　Kevin's salary is **better** than Meg's, but they are both **very poorly paid**.

  　　b.　My parents **couldn't study much** at school, but of the two of them, my mother was a little **better** educated than my father.

【付記５】　How heavy is X? というパターンが常に不適格というわけではありません（本文の (13) (=How heavy is this suitcase?) を参照)。次の (ia-c) （インターネットからの実例）はすべて適格です。なぜなら、これらの質問は、聞き手に失礼にならないからです。

  (i)　a.　How heavy should my child's backpack be?

  　　b.　How heavy is air?

  　　c.　How heavy is an elephant?

付記・参考文献　257

【付記6】　(31a, b) は Taylor (2012: 101) に負っていますが、Taylor は、(31a) がなぜ用いられないかについて何も述べていません。これは、自分が買おうとするものの値段がどれぐらいの高さなのかと聞くことがはしたなく、もっと控え目な表現を用いる方が間接的で丁寧だからだと考えられます。したがって、お金についての個人的ではない次のような文は問題がありません。

(i)　How expensive is San Francisco?

【第9章】

【付記1】　(3a)（= John **is** happy about his children.）の is は助動詞ではなく、本動詞ではないかと思われる読者が多いことと思います。ただ be 動詞は、次に示すように、will のような助動詞と同じ機能も持っているため、本動詞としての働きだけでなく、助動詞としての働きもします。そのため本章では、本文の (3) のような be 動詞 is を「助動詞的 is」と呼びます。

(i)　a.　**Will John** come to the party tonight?（主語・助動詞倒置）

　　b.　**Is John** a college student?（主語・助動詞倒置）

(ii)　a.　John will come to the party tonight, **won't he**?（付加疑問文）

　　b.　John is a college student, **isn't he**?（付加疑問文）

【付記2】　助動詞 will, would の短縮形 'll, 'd、助動詞的 has, have, had の短縮形 's, 've, 'd にも同じ制約が適用します。

(i)　a.　John will come, and Mary will ___, too.

　　b.　*John'll come and Mary'll ___, too.

(ii)　a.　John would come, and Mary would ___, too.

　　b.　*John'd come, and Mary'd ___, too.

(iii)　a.　John has left, and Mary has __, too.

b. *John's left, and Mary's ___, too.

【コラム④】
【付記】 「コンパ」は、仲間と親睦を深めるために行なう飲み会のことです。ja.wikipedia によれば、主に日本の学生や若者の使う俗語とのことで、語源は、ドイツ語の Kompanie, 英語の company, フランス語の compagnie などに由来するとのことです。一方、『語源由来辞典』によれば、「仲間」を意味するドイツ語 Kompanie（もしくは「会社、会合、交際、交友」を意味する英語 company）に由来するとあります。したがって、「コンパ」はドイツ語の Kompanie（コンパニー）を短縮した短縮語と考えるのがもっとも自然のように思われます。

【第 11 章】
【付記】 Password Tote（パスワード管理アプリ）とは、異なるパスワードを使って多くのアプリに登録していくうちにパスワードを忘れ、ログインできなくなったりするのを防ぐために、パスワードを安全に管理するために作られたアプリのことです。これを使えば、スマホなどの多くのデバイスからいつでも自分のパスワードにアクセスできます。

【第 12 章】
【付記 1】 スーザン・ソンタグ（Susan Sontag, 1933 年 1 月 16 日 - 2004 年 12 月 28 日）は、アメリカの著名な作家、エッセイスト、小説家、知識人、映画製作者、運動家。 人権問題についての活発な著述と発言で、その生涯を通じてオピニオンリーダーとして注目を浴びた。（ja.wikipedia）

付記・参考文献 259

【付記2】 ウィリアム・"ビル"・マー・ジュニア（William "Bill" Maher, Jr.、1956年1月20日 - ）は、アメリカ合衆国のスタンダップ（＝独演する）コメディアン、テレビ番組司会者、政治解説者、著述家、俳優である。現在、HBOのトーク番組『リアル・タイム・ウィズ・ビル・マー』の司会を務めている。動物愛護に関心が高く、政治についてはリベラルな姿勢で知られる。政治・社会問題などを風刺する手法を多用するスタイルで人気を博している一方、批判も多い。（ja.wikipedia）

【付記3】 どうしてこのように問題が多い cowardly「臆病な」と言う表現がテロ行為を修飾する形容詞として定着したかについて、Chris Walsh, *Cowardice: A Brief History*, Princeton University Press, 2014 は、新約聖書、ダンテの神曲地獄編以来、「臆病」が、人につけるもっとも侮辱的、意地悪な烙印であったと述べています。Walsh は、さらにテロリストたちが「臆病」だと信じることが、テロリストに対する恐怖を弱める効果があることをあげています。

【付記4】 cowardly に「卑怯な」の意味がないことについては、本章の最後の記述を参照。

【付記5】 OED On Line は、収容語数およそ60万単語で世界諸言語で最大級の辞書（最大辞書は、オランダ語辞書 Woordenboek der Nederlandsche Taal）。世界中の多様な英語の用法を記述するだけでなく、英語の歴史的発展をも辿っており、学者や学術研究者に対して包括的な情報源を提供している。（cf. ja.wikipedia）

【付記6】 ポール・クルーグマン（Paul Robin Krugman、1953年

2月28日 - ）は、アメリカの経済学者、コラムニスト。ニューヨーク市立大学大学院センター（CUNY）特別教授。2008年度ノーベル経済学賞受賞。（cf. ja.wikipedia）

【付記7】 ジョナ・ゴールドバーグ（Jonah Goldberg）は、アメリカの保守的なコラムニスト、文筆家、時事問題解説者。保守主義雑誌の National Review のシニアー・エディター。（Wikipedia）

【付記8】 *New Oxford American Dictionary* は、テロ関連の coward に、"(of an action)" という制限をつけて、この用法の cowardly が「人」を表わす名詞を修飾することがないものと考えているようです。テロ関連の cowardly が、「行為」を表わす名詞を修飾することが多いのは事実ですが、「人」を修飾することもあります。(2) に引用したソンタグの文 "If the word 'cowardly' is to be used, it might be more aptly applied to those who kill ... " で、cowardly は、もちろん「臆病な」の意味で、人を指すのに用いられています。次の (i) – (iii) でも同様です。

(i) The two Chechen brothers accused of the Boston Marathon bombings are "twisted, perverted, **cowardly** knock-off jihadis" who failed to instill fear in the American people, US Vice President Joe Biden has said.

「『ボストンマラソン爆破事件の犯人の二人のチェチェン人兄弟は、米国民に恐怖心を植え付けることに失敗した "ひねくれた、ゆがんだ、臆病なにせジハーディ" だ。』と米国副大統領ジョー・バイデンが言った。」

　［jihadi：ジハーディ（イスラム教徒の聖戦への参戦者）］

(ii) Innocent lives were lost today as a result of the nuclear blast which occurred in Missouri, along with the **cowardly** suicide bombers that blew themselves up.（Rob Peters – 2011 – Fiction）

「今日ミズーリで起きた核爆発の結果、自爆した臆病な自爆者とともに、無実な命が失われた。」

（iii）Oct 31, 2008 - It is not uncommon to hear the claim – often from a spokesperson of those attacked – that suicide bombers are **cowardly**.

「2008 年 10 月 31 日 – しばしば攻撃を受けた人たちのスポークスマンから – 自爆者は臆病だという主張を聞くことは珍しくない。」

【参考文献】

☆ 安藤貞雄（2005）『現代英文法講義』開拓社。

☆ Bresnan, Joan W.（1973）"Syntax of Comparative Clause Construction in English," *Linguistic Inquiry* 4:3, 275-343.

☆ Carlson, Gregory（1977a）"A Unified Analysis of the English Bare Plural," *Linguistics and Philosophy* 1:3, 413-458.

☆ Carlson, Gregory（1977b）*Reference to Kinds in English.* New York: Garland.（Also distributed by Indiana University Linguistics Club and GLSA UMass/Amherst.）

☆ Chomsky, Noam（1986）*Barriers.* Cambridge, Mass.: MIT Press.

☆ Coe, Norman（1980）*A Learner's Grammar of English.* Edinburgh: Nelson.

☆ Cooper, William and John Robert Ross（1975）"World Order," in Robin E. Grossman, L. James San, and Timothy J. Vance（eds.）*Functionalism,* 63-111. Chicago: Chicago Linguistic Society.

☆ Forsyth, Mark（2013）*The Elements of Eloquence.* The Penguin Group.

☆ Hornby, A.S.（1954）*A Guide to Patterns and Usage in English.* Oxford: Oxford University Press.

☆ Huddleston, Rodney and Geoffrey K. Pullum（2002）*The Cambridge Grammar of the English Language.* Cambridge: Cambridge University Press.

☆ Jespersen, Otto（1924）*The Philosophy of Grammar*. London: George Allen & Unwin.

☆ Kratzer, Angelika（1995）"Stage-Level and Individual-Level Predicates," in Gregory Carlson and Francis Pelletier（eds.）*The Generic Book*, 125-175. Chicago: University of Chicago Press.

☆ 久野暲（1973）『日本文法研究』大修館書店。

☆　久野暲（1978）『談話の文法』大修館書店。

☆　久野暲・高見健一（2013a）『謎解きの英文法 ― 省略と倒置』くろしお出版。

☆　久野暲・高見健一（2013b）『謎解きの英文法 ― 時の表現』くろしお出版。

☆　久野暲・高見健一（2015）『謎解きの英文法 ― 副詞と数量詞』くろしお出版。

☆　久野暲・高見健一（2017）『謎解きの英文法 ― 動詞』くろしお出版。

☆　Kuno, Susumu and Ken-ichi Takami（1993）*Grammar and Discourse Principles: Functional Syntax and GB Theory*. Chicago: University of Chicago Press.

☆　McNally, Louise（1994）"Adjunct Predicates and the Individual/Stage Distinction," *WCCFL* 12, 561-576.

☆　McNulty, Elaine（1988）*The Syntax of Adjunct Predicates*. Doctoral dissertation, University of Connecticut.

☆　Milsark, Gary L.（1974）*Existential Sentences in English.* Doctoral dissertation, MIT.

☆　Milsark, Gary L.（1977）"Toward an Explanation of Certain Peculiarities of the Existential Construction in English," *Linguistic Analysis* 3:1, 1-29.

☆　Miyamoto, Yoichi（1994）*Secondary Predicates and Tense*. Doctoral dissertation, University of Connecticut.

☆　Perlmutter, David（1971）"On the Article in English," in Manfred Bierwisch and Karl Erich Heidolph（eds.）*Recent Developments in Linguistics*. The Hague: Mouton and Co.

☆　Quirk, Randolph, Sidney Greenbaum, Geoffrey Leech and Jan Svartvik（1972）*A Grammar of Contemporary English.* London:

Longman.

☆ Quirk, Randolph, Sidney Greenbaum, Geoffrey Leech and Jan Svartvik（1985）*A Comprehensive Grammar of the English Language*. London: Longman.

☆ Rapoport, Tova R.（1991）"Adjunct-Predicate Licensing and D-Structure," in Susan Rothstein（ed.）*Syntax and Semantics* 25: *Perspectives on Phrase Structure: Heads and Licensing*, 159-187. San Diego: Academic Press.

☆ Rapoport, Tova R.（1993）"Stage and Adjunct Predicates: Licensing and Structure in Secondary Predication Constructions," in Eric Reuland and Werner Abraham（eds.）*Knowledge and Language* Vol. 2: *Lexical and Conceptual Structures*, 157-182. Dordrecht: Kluwer.

☆ Rizzi, Luigi（1990）*Relativized Minimality*. Cambridge, Mass.: MIT Press.

☆ Rothstein, Susan（1983）*The Syntactic Forms of Predication*. Doctoral dissertation, MIT.

☆ Stanley, Richard（1969）"The English Comparative Construction," *CLS* 5, 287-292.

☆ Taylor, John（2012）*The Mental Corpus: How Language Is Represented in the Mind*. Oxford: Oxford University Press.

☆ Williams, Edwin（1980）"Predication," *Linguistic Inquiry* 11, 203-238.

[著者紹介]

久野　暲（くの・すすむ）
1964年にハーバード大学言語学科Ph.D.を取得し、同学科で40年間教鞭をとる。現在、ハーバード大学名誉教授。主な著作に『日本文法研究』（大修館書店、1973）、『談話の文法』（大修館書店、1978）、『新日本文法研究』（大修館書店、1983）、Functional Syntax (University of Chicago Press, 1987)などがある。

高見　健一（たかみ・けんいち）
1990年に東京都立大学文学博士号を取得し、静岡大学、東京都立大学を経て、現在、学習院大学文学部教授。主な著作に Preposition Stranding (Mouton de Gruyter, 1992)、『機能的構文論による日英語比較』（くろしお出版、1995）、『日英語の機能的構文分析』（鳳書房、2001）などがある。

なお、二人の共著による主な著作に Grammar and Discourse Principles (University of Chicago Press, 1993)、『日英語の自動詞構文』（研究社、2002）、Quantifier Scope（くろしお出版、2002）、Functional Constraints in Grammar (John Benjamins, 2004)、『日本語機能的構文研究』（大修館書店、2006）、『英語の構文とその意味』（開拓社、2007）、『日本語構文の意味と機能を探る』（くろしお出版、2014）などがある。

謎解きの英文法　形容詞

発行	2018 年 10 月 4 日　第 1 刷発行
著者	久野　暲・高見　健一
装丁	折原カズヒロ
イラスト	株式会社ぽるか　村山宇希
印刷所	藤原印刷株式会社
発行人	岡野秀夫
発行所	株式会社　くろしお出版 〒 102-0084 東京都千代田区二番町 4-3 TEL 03-6261-2867　FAX 03-6261-2879 http://www.9640.jp/　e-mail:kurosio@9640.jp

© Susumu Kuno, Ken-ichi Takami 2018 Printed in Japan

ISBN978-4-87424-776-1 C1082

●乱丁・落丁はおとりかえいたします。本書の無断転用・複製を禁じます。